INVENTAIRE SOMMAIRE

DES

ARCHIVES DÉPARTEMENTALES

ANTÉRIEURES A 1790

RÉDIGÉ PAR

L'abbé Paul GUILLAUME, Archiviste,

Chanoine honoraire de Gap,

Chevalier de la Légion d'Honneur,

CORRESPONDANT DU MINISTÈRE DE L'INSTRUCTION PUBLIQUE & DU COMITÉ DES BEAUX-ARTS,

CONSERVATEUR DES ANTIQUITÉS & OBJETS D'ART DES HAUTES-ALPES.

HAUTES-ALPES

SÉRIE H. — CLERGÉ RÉGULIER

TOME Iᵉʳ (Premier fascicule).

Archives de l'abbaye de Boscodon. — Articles 1 à 60, etc.

GAP

IMPRIMERIE ALPINE, RUE CARNOT, 13

1913

COLLECTION DES INVENTAIRES SOMMAIRES

DES

ARCHIVES DÉPARTEMENTALES

ANTÉRIEURES A 1790

PUBLIÉE

SOUS LA DIRECTION DU MINISTÈRE DE L'INSTRUCTION PUBLIQUE & DES BEAUX-ARTS

HAUTES-ALPES

SÉRIE H. — CLERGÉ RÉGULIER

AVANT-PROPOS.

La première partie de l'Inventaire de la série H, *Clergé séculier*, est consacrée aux archives de l'abbaye de Boscodon.

Cette abbaye, chef d'ordre, était située sur la commune actuelle des Crottes, canton d'Embrun, dans une gorge très pittoresque. Fondée en 1130, ou plutôt en 1132, elle fut supprimée par lettres patentes du 21 octobre 1769 ; ses biens, ainsi que ses titres, furent partagés peu après entre l'archevêché d'Embrun, le chapitre et l'hôpital de cette ville. L'abbaye de Boscodon a déjà fait l'objet de diverses publications. Nous mentionnerons ici : Dom Mabillion, *Annales de l'ordre de St-Benoist*, tome VI, p. 194 ; — *Gallia Christiana nova*, par les Frères de Sainte-Marthe, tome III (1725), col. 1102-7 ; — Du Tems, *Clergé de France*, tome IV, p. 275-277 ; — Abbé Albert, curé de Seyne, *Histoire ecclésiastique du diocèse d'Embrun;* Embrun, Moïse, 1783, tome II, p. 365-380 ; — Fisquet, *La France pontificale (diocèse d'Embrun)*. 1863 ; — Pilot de Thorey, *N.-D. de Boscodon près Embrun, règle de St-Benoist, chef d'ordre.;* Grenoble, Xavier Drevet, 1873, in-8°, 34 pages (extrait du journal *Le Dauphiné)*; — Joseph Roman, *Tableau historique du département des Hautes-Alpes*, 1ʳᵉ partie ; Grenoble, Allier, 1887, p. 29-30 ; — Marcellin Fournier, *Histoire générale des Alpes;* trois volumes in-8°, Gap, 1890-1892, *passim*, tome Iᵉʳ, p. 689 et suivantes, etc.

On trouvera la liste des abbés de Boscodon, aussi complète que possible, dans l'introduction de l'*Inventaire sommaire des Archives des Hautes-Alpes*, série G, tome VI, 1909, p. 72-73, etc.

Suivant l'inventaire sommaire des archives des Hautes-Alpes imprimé vers 1863-1864 [1]) par les archivistes Ch. Charonnet et Bigne, les archives de Boscodon formaient un seul article ; elles comprenaient alors 14 pièces papier, 9 pièces parchemins et 1 sceau (Inventaire cité, p. 25). Elles se composent actuellement de 60 articles.

En 1878, le fonds de Boscodon comptait 28 chartes ou pièces (voir le Rapport au Préfet par Robert Long, archiviste, p. 2). Le 21 novembre 1879, réintégration de divers documents trouvés aux archives communales d'Embrun (Rapport au Préfet du 4 mars 1880, p. 51). Le 30 août 1884, dépôt aux archives départementales de 8 liasses de documents qui

---

[1]) Paris, impr. Paul Dupont, in-4°. Série C, xiii pages, série E, 12 pages ; série G, 81 pages ; série H, 40 pages. — Cet inventaire, jugé très incomplet, a été condamné au pilon vers 1873.

avaient été donnés à la mairie d'Embrun, en 1873, par M. Rennes, receveur municipal (Rapport du 10 juillet 1885, p. 2). Le 24 octobre 1887, don d'une liasse par M. Guérin, curé-archiprêtre d'Embrun (Idem du 15 juillet 1888). Le 29 mai 1893, don de 3 liasses comprenant 75 pièces par M. l'abbé Augier, vicaire d'Embrun (Idem de juillet 1893, p. 6). En novembre 1894, don par Mme Didier. de Pelleautier, de divers documents (Idem du 18 juillet 1893). Enfin, vers 1898, envoi aux archives des Hautes-Alpes, par le Préfet du Doubs, de 7 liasses comprenant 216 pièces relatives à la suppression de Boscodon et aux procès qui en furent la suite. Ces dons et réintégrations, qui font l'objet de l'Inventaire actuel, répartis en 60 articles, comprennent 1.419 pièces, savoir : 458 parchemins et 961 pièces papier, dont 5 imprimés, plus 166 sceaux ou cachets.

Le fonds de l'abbaye de Boscodon est loin d'être complet. Un inventaire de 1712 existe dans les archives particulières de M. J. Roman, au château de Picoutal, commune des Crottes [1].

Le 9 octobre 1771, les archives de Boscodon étaient enfermées à clef dans un placard (II. 59, voir ci-après, p. 61). Par la comparaison de l'Inventaire de 1712 et de l'Inventaire actuel, on pourra probablement se rendre compte de la nature et de la composition des anciennes archives de l'abbaye, chose que je ne puis pas faire présentement.

Gap, 25 juillet 1913.

P. G.

---

[1] *Tableau historique des Hautes-Alpes*, 2e partie, 1890, p. 5 et 6 de l'introduction.

INVENTAIRE SOMMAIRE

DES

ARCHIVES DÉPARTEMENTALES ANTÉRIEURES A 1790.

SÉRIE H. — (Clergé régulier.)

ABBAYE DE BOSCODON.

H. 1. (Liasse.) — Rouleau de deux peaux, parchemin ; 2 sceaux en cire.

1275. — Sentence arbitrale au sujet des montagnes de Boscodon. — Compromis entre les religieux de Boscodon (*de Boschaldono*); Guil. Philippe (*Philipi*), le vieux, agissant au nom des Crottes, et frère Guigues *Chay*, cellérier de Boscodon, et led. Guil. Philippe prennent pour arbitres G. prévôt, et Bienvenu de Pavie (*de Papia*), juge d'Embrun. Les montagnes en litige sont Combe Giroard, de Mirmande, du Colombier (*de Columber*), d'Astoin (*de Antoyno*), de Tronchet, de Rossa et de Fransalia, et dépendances. Noms des religieux de Boscodon : G. *de Scala* abbé, Guil. Imbert, prieur, Cunibert, cellérier, Albert, sous-prieur, Pons de Baudument (*de Baudumento*), Raymond Rabaud, Guil. Blanc (*Albus*), moines ; G. et P. Ayrald, Raymond *Ronas*, Raynald, Lantelme, convers ; Michel, novice, Jacques, convers, Guil. *Melioratus*, et fr. Jean des Orres. Noms d'autres religieux : Ar. de Turriers, prieur, fr. Guigues, syndic, Girard *de Cartis*, Embrun (*Ebredunus*), Pe. Rostaing, Raynaud (*Raynaldus*), Pe. de Crévoux (*de Crevolis*), Benoît de Seyne (*de Seyna*), Simon (*Simundus*), Laurent *Colona*, Pe. Pascal (*Paschalis*), P. *Bartholomei*, Pe. Bontous, G. Paris, tous dud. monastère. Autres noms : Arnoux de Prunières, économe de Boscodon ; Pierre, prieur de N.-D. des Baumes, official de J. (Jacques de Serène), archevêque d'Embrun. Le différend est soumis à Philippe *de Laveno*, baile du Gapençais, et à m° Albert, juge du Gapençais, par Hugues Rous (*Rulli*), moine de Boscodon, procureur de Guillaume, abbé de Boscodon, Guil. *Pollinis*, prévôt d'Embrun, Pe. *de Rachonisio*, juge ordinaire du Dauphin, n. Jean du Haut-Villar. Les gens des Crottes sont accusés de s'être portés dans les susd. montagnes en armes, d'avoir frappé, blessé et tué les vaches de Boscodon (*in montaneas de Antoyno et de Troncheto et de La Rossa et de Farsallaia... cum armis, invaddendo vacas proprias de Boscaudono et easdem percutiendo atrociter et enormiter et interficiendo, et... ad Pratum Longum quod est proprium dicti monasterii destruentes parietes dicti prati et forcias que dictum pratum a ricis et ab aquis deffendebant... frangentes et rumpentes;*), ayant volé 100 bêtes du monastère, qu'ils détiennent encore. — Le jeudi 19 juin 1275, 3° indict., les habitants des Crottes nomment pour syndics Guil. Philippe et Lagier Sauveur pour traiter avec Boscodon. Parmi les gens des Crottes sont présents :

Pierre Paris, Lagier *Raynaldus*, Humbert Mottet, Sauveur *Ançardus*, Gérard Paris, Pe. *Daniest*, Bertrand Clapier, Raymond Chabert, Jean Gay, Pons Paris, Ét. Tabardel, Raymond de Crévoux, Guil. Galvaing, Sauveur Aymar, Jean *Bona*, Bertrand *Sanguini*, Girard Paris, Ét. Claret, Gérard Mongardin, Arnoux Paris, Jean Guigues, Pons Palafred, Guil. Goyrand, Girard *Barateria*, Guil. Gaudemar, *Ebredunetus*, Pierre Rochette, Guil. Bontous, Pierre Girard, Guil. Bontous, Martin Tricord, Bonfils, Pons Aymar, Pons Rancurel, Pons Raynald, Jeannet Raynald, Vitalis, Michel Maurel, Pierre Milon, Girard *Columpna*, Sauveur *Tolsans*, Jacq. Aymar, Jean Chaffred, Ét. Palafred, Raynald Lagier, Jean Fulcon, Pons *Ebrandus*, Pierre Vincent, Raynald Gui, Jean le Rouge *(Ruber)*, *Na Motetus*, Girard Nal, Michel Gachon, Jacq. Lagier, Girardet Tabardalt, *Cbrandus*, Jean Garnier, Guil. Raynald, Guil. Alrand, Ét. Brun, Jean *Vachers*, Guil. Bontous, Humbert Nal, Ét. Bontous. Pe. *Clapers*, Ét. Fulcon, Pons Tabardel, Guil. *Gubers,* Guil. Clapers, Jean *Sirona*, Jacq. Tolsans, Isnard Tolsans, Pons Tolsans, Pons *Serena*, *Jayme Alerius*, Guil. Fulcon, Pierre *Chaulers*, Pe. Philippe, Pierre *Francho*, *Ebredunus Guasconus*, Pierre Agnel, Ét. Bertrand, Guil. Imbert, Jean *Bona*, Girard Fulcon, Bertrand *de Quato*, Pierre Pascal, Pe. Fulcon, Pierre Morel, et Pierre *Bona*. Fait *ante ecclesiam de Crotis*. Tém. Hugues d'Embrun, chevalier, Pe., prêtre des Crottes, Ét. Alrand, not., Pons *de Mayserias*, baile d'Embrun ; Frédéric Silvestre, not. — Le 16 des kalendes d'août (17 juil.) 1275, Guil. de Bourdeaux *(de Bordellis)*, abbé de Boscodon, et ses religieux, Olivier *Guarinus*, Girard, Pe. Rostaing, Hu. Rous *(Rufl)*, Isoard *Orselt*, Athénous de Méolans, Ét. de Melve, Pe. de Corps, Pe. Le Noir *(Niger)*, Hugues *Bocia*, André, Pe. Chauvin, Raymond Agnel, Boniface, *Ebredunetus*, Pe. Garcin, Pe. *Bonardell*, J. *Chauça*, Imbert et Pons, moines et convers, nomment pour leur syndic Arnoux *Agnell*, prieur du monastère. Tém. Pe., prieur des Baumes, official d'Embrun, fr. Guil. Brochier, des Frères Prêcheurs ; Hugues Rialon, not. impér. — Aussitôt après, à Embrun, *ante ecclesiam majorem beate Marie*, lesd. religieux présentent led. syndic à fr. Raimbaud, vicaire général de J., archevêque d'Embrun, lequel, d'accord avec le prieur des Baumes, le confirme dans sa mission. Tém. Hugues d'Embrun, chevalier, Salvat, prêtre, Guil. Agnet, chan., Jacq. *de Abriès*, not. de la cour commune d'Embrun, Gui de Savine, de l'un et l'autre droit,

Guigues Chay, cellérier de Boscodon, Pons Palafred, Ét. Bertrand, des Crottes. — Le 20 juil. suivant (1275), aux Crottes, *in domo confratrie,* présents : Pons Pellicier, fils de Guillaume, de Sisteron, Guil. Clément, f. de Guil., des Orres, Pe., chapelain des Crottes, Marin, moine de La Couche, et à la requête de Guil. Philippe, leur syndic, les habitants des Crottes, approuvent le compromis susd. Garants, Jacq. Aymar, f. de Jacq., Pierre Milon, f. de feu Guil., Pons Aymar, Guil. Bontous, Martin Maurel, Gérard Fulcon, Michel Maurel, P. *Bona, Ebredunus* Gascon, Benoit Clapier, Ét. Tabardel, Jacq. Imbert et Guil. Chaulier. Suivent les noms des habitants des Crottes présents à l'assemblée au nombre de 67. — Le même jour, à Boscodon, *in claustro,* présents Guil. Girald, not., Jean, frère de Pe., chapelain des Crottes, et Pierre *Otudio,* des Crottes, les religieux Olivier *Corneti,* Hugues Le Rouge *(Rubeus),* prieur, P. Rostaing, Hugues *Bogia,* Guibert Cathelan, Nifred de Montclar, André de Chorges, Pe. *Balbz,* Athénoux de Mélan, Pons *de Corpore,* sacriste, Ét. de Melve, Raymond *Torretes,* Raymond Agnel, moines, Pons *Gadani,* Pe. *Bonardell,* Pe. *Bertholomeus,* Pierre Lagier, Gérard *Maurelt,* et Ét. Michel, convers, en présense de l'abbé de Boscodon, approuvent également le compromis. — Le vendredi, 31 juil. [1275], *ante domum Chabaçoliorum, de Ebreduno,* présents Jean Payani (?), Guil. de Chorges, not. de la cour de Gap, témoins, Pierre *Chabaçolius, Ebredunus Alvergnaç, Folchetus Fortolis* et Guil. Lombard, fils de donne Brune, se déclarent garants pour Boscodon. — Le 28 sept. [1275], les arbitres G., prévôt, et Bienvenu, juge d'Embrun, déclarent que Boscodon est en possession de conduire ses troupeaux et ceux d'autrui *(tam suos quam alienas oves)* dans les dites montagnes et leurs dépendances, avant et après la St-Julien, conformément aux actes passés devant Philippe, baile, et Albert, juge du Gapençais, *sicut dividit rivus qui dicitur de Inferneto usque ad montem de Antoyno et protenditur usque ad pontem de prato Alaucha.* Suit l'énumération de divers actes visés dans la sentence. Tém. Hugues d'Embrun, chevalier, Pe. *Niger,* chapelain des Crottes, *Comers,* prêtre, Pe. Lombard, Lantelmet, messager *(nuncius),* de la cour d'Embrun, Isnard *Salvage,* Pierre du Sauze *(de Salice),* Girard de Savine, Raymond, not. de la cour d'Embrun, Jean *Frater,* prêtre des Crottes, Guil. Milon, clerc. Les Crottes, *in villa de Crotis, ante ecclesiam dicte ville.* — Enfin, le lundi 5 oct. [1275], l'abbé et les religieux de Boscodon, *ad sonum tabule in capitulo more solito congregati,* approuvent tout ce qui précède. Présents : G., abbé, Arnoux, économe,... *Corneti.* Hugues *Rubeus,* prieur, *Engarrinus,* Guigues *Chay,* Pe. *Rostagni,* Isoard *Orsell,,* Athénoux *de Meolano,* Guil. Girard, Ét. de Melve, Pe. *de Corpore,* Boniface *de Bruneto,* Bertrand *Tolonius,* Ray. *Torrela,* Pe. *Balbi,* Ray. *Agnelli,* moines ; André *Gascus,* Pe. *de Serro,* Pe. *Bonardelli,* Pe. *de Crevolis,* Poncius *Lagerius,* Pe. Fornier, Pascal Lagier, convers. Tém. Pierre Lagier, de Savine, Guil. Séard, de Savine, Raymond Garnier, des Orres, Bernard Garnier, de Savine, Guil. Feraud, *de Penna,* et Raymond de Dromon *(de Dormono),* Frédéric Silvestre, not. *(Signum).* Sur fils verts de chanvre, deux sceaux pendants, en cire : un rond de 43 mill. (Personnage assis, couronné, tourné à droite, ayant une fleur de lys au dos), et un ovale de 30 sur 38 mill. (de Guil., prévôt (?) d'Embrun; la vierge en demi-buste tenant l'enfant Jésus et, au-dessous, tête entre deux étoiles).

H. 2. (Liasse.) — 11 pièces, parchemin ; 1 pièce, papier ; 1 sceau.

1204-1300. — Sentence arbitrale par Bc., chanoine d'Embrun, Pons *de Mollanes* et W. *de La Mota,* au sujet du différend existant entre le monastère de Boscodon, d'une part, Po., prévôt d'Embrun, Po. Arbert, Bo., chevalier, et les habitants des Crottes, à propos des pâturages s'étendant de l'*Enfernet* au torrent de Vachères *(rivum Vageriarum).* Les dommages causés par les gens des Crottes seront estimés par ordre de R., archevêque d'Embrun, par le prieur de Boscodon et le chapelain des Crottes. Tém. *Helias,* abbé de Boscodon, *Hugo,* prieur, *W. de Monte, Girinus, Boimundus, W. de Sto Hylario,* Raymond *de Valserra,* Martin *Nevascha,* moines ; *Petrus, murator, Petrus Lautoardus, Pontius Giraudi, Franco, Stephanus Rabinel, Petrus Airaudi, W. Melluret,* convers ; *B Blainus,* prêtre ; Pierre *Lonbardi,* Jean *Blainus,* W. *Blaini,* Pierre Senoret, et Dominique, qui écrit cette charte, *W. Agni,* moine, *Agnellus,* Lantelme *Agnelli,* Pierre *Michael, Taldus Maçot.* Novembre 1204. — Raymond d'Oraison *(de Auraysone)* voulant réparer les injures et les dommages qu'il avait faits aux religieux de Boscodon, en présence de Hu., évêque de Riez, donne auxd. religieux les droits qu'il avait à Paillerols *(in castro de Pallairols et in toto territorio ejusdem),* réservant toutefois à sa sœur *Raymbaude* 100 seterées *(sestairadas)* de terre, *in campo de Capollet.* Garants : Pons Bonel, Isnard Raphaël et Isnard Archimbauds. Du conseil dud. évêque, les religieux de Boscodon donnent à Raymond d'Oraison sept cavales et trois poulins mâles, pour 1.000 sous coronats, 10 livres de viennois et 100 sols raymondins. Tém. *Gui de Scala,* prieur de Boscodon, Terrat Nadal, fr. Pe. Gontart, fr. Pe. Arnols, fr. Bernard, fr. W. Gastinel, fr. Girard, Laurent, prieur d'Oraison, Ét. Renna, prêtre, Benoît *de Viladieu,* prêtre, W. Trimon, prieur du Temple, Benoît d'Oraison, templier, Isnard de Remoules *(de Remolis),* chan. de Riez, Olivier, prieur d'Entrevènes, Pons Achart, chapelain des Mées, Jean Garcin, d'Oraison, R. André, d'Oraison, Mathieu, moine noir *(monacus niger),* Isnard de Remoules, chevalier, Rostaing, son fils, Guigues *Dennolas* (?), chevalier, Bermond d'Oraison, Isnard de Rossel, R. Giraut, Garnier des Mées, chevaliers ; Raimbaut Rollan, *Ceganza Bonspars* W. Bonel, *Ricols de Antravenus,* Isoart de Bagarre, Bertrand Rol, W. Mazol, W. Andrieu, Bermond de Pallairols, Pierre de Bres, Isnard *Borra,* W, *Borgiondo,* chapelain de l'évêque de Riez, qui écrit cette charte (Copie ancienne *extracta ab originali proprio).* Oraison, *in domo ecclesie, ad fornellum,* le 3 des ides de mai [13 mai] 1212.

Don au luminaire de N.-D. de Boscodon par Ét. *Nicolai,* bourgeois de Gap, du consentement de sa fille Douce *(Dulcie)* et de ses fils Lantelme et Raimbaud *de Sto Marcello,* d'un cens de 50 livres d'huile, payable chaque année à l'Avent, imposé sur. sa vigne *de Semolaz,* cfr. la condamine des chevaliers de St-Marcel et le pré de Roland de Manteyer, laquelle vigne est tenue par Arnulphet et son frère, fils de Pons *Salamonis.* Pierre Faure *(Faber),* moine, est investi *in pollice.* Tém. W. *de Chalmo,* moine, prêtre et sacriste, Lantelme de St-Marcel, Raimbaud de St-Marcel, dames *Ganteria,* Béatrix et *Hugona,* Jacq. *Launardi,* Pierre *Launardi,* Jean et Isnard, tailleurs, *Abonus,* Raymond de Jarjaye. Gap, *in domo Lan. de Sto Marcello,* février 1239 (Charte-partie *per alphabetum* A B C D E F G. Traces du sceau du donateur et fragment pendant du sceau en cire brune de Robert, évêque de Gap).

Sentence rendue par Giraud Mercier *(Mercerium),* juge de Digne, et Pe. Bonnom *(Bonum nomen),* baile de Seyne, au sujet de la montagne de Morgon, litigieuse entre Guil. de Pontis et Guillaume, moine de Boscodon ; Gérard *de Saiseio,* sénéchal de Provence, est commis pour trancher le différend à Aix. Tém. Athénoux de Méolans, templier, Pe. Motel, châtelain de Seyne, Guil. de Faucon, Gaudemar Olivier, Hugues, *chastanus* du Lansel, Gaudemar *Maynedus*, Lant. Richaus, Creiscuz, Radulphe *d'Escharena;* Radulphe *Fertolus*, not. nommé par Raymond Bérenger, comte et marquis de Provence, comte de Forcalquier (avec *Signum*). Seyne, maison de Pierre Bonnom, 7 des calendes d'août (26 juil.) 1247. (Traduction française de cet acte.) — Sentence rendue par Jacq. de Ravenne, juge du Gapençais, qui condamne Athénoux de Briançon à laisser les religieux de Boscodon, représentés par Guigues Jay, leur syndic, à faire dépaître leurs troupeaux, à chasser les lapins et à couper les broussailles dans l'île de Montmirail, cfr. celle de Giraudel de Savine, le chemin de Savine à Boscodon, La Gardette et les terres de la maison des Templiers. Tém. Pierre *Amalvinus*, Guil., notaire, Ét. Truchet, Barthél. de Ste Cécile, Hugues Elzéard, Pierre Reyron, Sauveur *(Salcayres) Rabata*, Guil. Leborin, Pierre *Chabasol*, Pont Séguoret, Pierre *Agni;* Durand Isnard, not. imp. et de la cour de Gap. Embrun, maison de feu d'Humbert de Beaujeu, 21 mai 1268. — Élection par Rodolphe d'Orsière, damoiseau, pour sa sépulture, du cimetière de Boscodon, où Arnoux de Turriers *(de Turriis)* est abbé, Bernard de Savine, moine. Tém. Bierre Bernard, Hugues *Guala*, Gillet Olivier, de Chorges; Guil. *Guala*, not. imp. Savine, maison de Jacq. *Larderii*, 7 déc. 1283 (?).

Autorisation par le pape Martin (IV) à l'abbé de Boscodon de pouvoir absoudre les moines excommuniés. Pérouse, nones de décembre [5 déc. 1284], 4e année de son pontificat [1]). — Donation par Guil. l'Auvergnat *(Alvernacium)* et *Guillelma*, sa femme, des Crottes, à Arnoux de Turriers *(de Turiis)*, abbé de Boscodon, de tous leurs biens: un pré *in Calmis*, cfr. le pré de Boscodon, vigne *in Plano*, cfr. Pons Rancurel, champ *in Poaya de Vilario*, etc., à condition d'être reçus à Boscodon, comme frère et sœur. Tém. Ét. Faure *(Faber)*, du Lauzet, clerc, Jean Faure, du même lieu, dit de Baratier, Jacq. Imbert, des Crottes, Pons *Flaco;* Ét. du Lauzet, not. imp. Boscodon, *in viridario dicte domus*, 3 juil. 1285, 13e indict. — Quittance par Guil. André, dit *Borrelus*, de Beauvilar, à fr. Pierre de Corps *(de Corvo)*, cellérier et procureur de Boscodon, de G l. de Provence, pour prix d'un pré sis près de Seyne, et avec autorisation aud. frère de faire un portique ou auvent *(auvannum)* à la maison qu'il avait acquise de Pierre

[1] Servant jadis de couverture aux reconnaissances de l'hôpital de La Bâtie-Neuve (coté 85).

Michel, mais à la condition qu'il ne plantera pas d'arbres dans le pré susdit. Tém. *Caput Flori*, prêtre, Pe. Algarda et Pe. Prola; Guil. Isnard, not. Seyne, maison de Boscodon, 19 juin 1286, 14e indict.

Quittance de 6 livres de coronats par *Berucosse*, femme de Guil. André, dit *Borreti*, à fr. Pierre de Corps *(de Corvo)*, au nom de Boscodon, pour prix d'un pré au-dessous de Seyne, cfr. le jardin d'Ét. Laugier. Tém. R. Bonnom, *Caput Flori*, prêtre, Jean Bonnom; Guil. Isnard, not. nommé par feu R., roi de Sicile, comte de Provence. Seyne, maison de Boscodon, 25 juin 1286. — Présentation par Pierre Chauvin, moine de N.-D. de Boscodon, à Guil. *de Brunyaco*, baile des Mées, des lettres données, à Digne le 4 juil. 1300, par *Facius Belhome*, juge de Digne, enjoignant aud. baile de citer à comparaître devant lui, les gens des Mées qui empêchaient les religieux de Paillerols *(de Palairos)* de faire paître les cavales employées à fouler les grains dans le territoire de St-Michel. Tém. Laugier d'Aubignose *(de Albinosco)*, Guil. Isnard, de Malijai *(de Malijacio)*, fr. Jourdan *Pagani*, des Mées; Ber. *Blanqui*, not. Les Mées, *in orto dicti baiuli*, 4 juil. 1300.

H. 3. (Liasse.) — 7 pièces, parchemin; 3 sceaux en cire.

1248-1307. — Bail emphytéotique par l'abbé de Boscodon *Richavus* et ses religieux, Guil. *Pastina*, prieur claustral, Guil. du Queyras *(de Cadracio)*, sous-prieur, *Gobertus*..., sacriste, Pierre de Talard, cellérier, Albert d'Ancelle, chantre, Giraud de Turriers, Guil. Ymbert, Raymond de Seyne *(de Sedana)*, *Ebredanus* Pon..., [Al]*merius* Garnier, Guil. Guirand, Guigues des Crottes *(de Crotis)*, Michel et Rainald, moines; Pierre Ayraud, Feraud, judex, Pierre,... et Laurent et Lagier, convers, au prieur de Remolon, moyennant la pension annuelle de 40 sous de viennois et 10 setiers de noix payables le jour de la fête de la Purification, d'une vigne sise près de Remolon *(prope villam de Romolono)*, dite vigne *de Clauso*, entre deux torrents; d'une vigne appelée *Leveta*, cfr. celle de Guil. de Bénévent, et d'autre vigne dite *Jarentina*, cfr. Gérard *Justi*, formant un total de 80 fosserées *(fossariate)*. En retour, led. prieur de Remolon cède une maison jadis de Lantelme *de Mura*, située à Remolon, près de la porte du prieuré et la maison de Gérard Garcin, sous réserve d'un denier de cens. Si le prieur de Remolon ne payait pas à Boscodon la pension susd^e, il payerait à Pâques le double, soit 6 livres de Viennois et

20 setiers de noix. Led. prieur fera approuver le présent acte par le prieur et le couvent de la Novalaise, de qui dépend le prieuré de Remolon *(curaturum quod... prior et conventus de Novalicio cui dictus prioratus de Romolono dicitur subesse... rata, etc.)*. Tém. Bernard, prieur de Valserres, Pierre, archiprêtre de Réalon, vicaire de l'église d'Embrun. Traces et restes de lacs des sceaux de l'archevêque d'Embrun, de l'abbé de Boscodon et du prieur de Remolon. Boscodon, *in parlatorio monasterii kalendis marcii* (1er mars) 1248 (?).

Vente par Giraud de Savine *(de Sabina)*, fils de feu Giraud, chevalier, à Guillaume, abbé de Boscodon, d'une île *(isclam)* au territoire de Savine ou de Montmirail *(Sabine seu Montismirati)*, lieu dit *Ad Prahals*, cfr. la Durance, le chemin public, l'île de Pons, frère du vendeur, et de 6 deniers de cens imposés sur un pré au même lieu, moyennant 20 l. de viennois. Cautions pour led. Giraud : *Tomes Meanencs, P. de Narton, P. Lagerius, Guil. Esmenchars*. Tém. Arnoux, prieur de Boscodon, Gomhert Giraud, de Turriers, *Ebredunus*, Raymond de Seyne *(de Sedena)*, Isnard Gérin, P. de Turriers, Guil. Guiraud, fr. Arnoux, Arnaud de Seyne, Guil. de Baratier, P. le Noir *(Niger)*, prêtre auvergnat, fr. *P. Balbz*, fr. Jo. *Brocha*, fr. *Salcans*, fr. Lagier, fr. *Ebredunus*, novice, Albert de Montreviol *(de Monte Rouvar)*, Arnaud *Mayniers*, de Talard *(de Tala[r]do)*, Giraud *Faber*, P. Borrel, Garin de Savine, Imbert, donné, P. Bermond, *Pascaletus Do*, Albert *Ramerii*, P. *Fraschiers*, Barthél. Albrand, Guillemet Rancurel, Poncet *Mongardinus*, Hugues Reynaud *(Raynaldus)*, Benoît Blanchet *(Blancitus)*, Guigues, cellérier et procureur du monastère. Boscodon, *in locutorio, die jovis proxima ante festum Sti Marcellini* (19 avril) 1263. — Suit l'approbation de la vente précédente par *Draganela*, femme du vendeur. Tém. Guigues, cellérier de Boscodon, fr. Arnoux, dame *Ahalays*, sœur dud. vendeur, P. Lagier, Guil. *Esmenchars, P. Meanencs, Ar. Meanencs, Guil. Meanencs*, Benoît *Chauliera*, Guigonet *Trotarius*, Bermond Blanc, Jean du Haut-Vilar *(de Alto Vilario)*, baile delphinal en Gapençois et Embrunois. Jadis trois sceaux dont il reste le sceau de Jean (de Haut-Villar) et celui du Dauphin (avec contrescel) ; le 3e manque. Le Puy-[St-Eusèbe] apud Podium, *in domo dicti Giraudi, die veneris in octabis Sti Marcellini* (27 avril 1263).

Autorisation par Guil. de Pontis, sgr dud. lieu, à Guigues Sicard, sacriste de N.-D. de Boscodon, et aux religieux de ce monastère, de passer dans ses terres avec leurs troupeaux en toute liberté. Il approuve la donation faite à Boscodon par Guil. de Pontis, son père, portant le sceau de Boniface *(domini Bonafacii)*, évêque de Digne [1]. Tém. Jean Richier *(Riquerius)*, Jean Barnier, Lan. Ardoin, Simon du Cros *(de Croso)*, R. Barnier ; Guil. Isnard, not. royal. Ubaye *(aput Hubayam)*, maison de Jean Barnier, 28 mars 1286, 14e indict. (Sur double tresse tricolore, brune, jaune et blanche, petit sceau rond en cire de Guil. de Pontis ; un pont à 2 arches).

Don par Pons Chaulier *(Poncius Chaulerii)*, prêtre, à Arnoux de Turriers, abbé de Boscodon, pour son anniversaire, d'une vigne et d'un champ au territoire d'Embrun, à Chadenas *(ad Chapdenacium)*, cfr. la vigne de Boscodon qui était jadis de Guil. Gnieu, celle du même monastère qui était d'Étienette Belharde. Tém. Ét. Ème, fr. Ét., de Melve, fr. P. de Corps, fr. Arnoux, fr. Bertrand *Vetoni* ; Jean *Antohardi*, de Val-Pute *(de Valle Puta*, not. impér. (avec son signum en tête du document). Boscodon, *Actum apud Nemus Odonis, in capitulo. die iij exeunte mense decembr.* 1283. — Estimation par Guil. *Gala* et Bertrand Garnier, experts, par-devant Guil. de Savine, chevalier, Rodolphe de Savine, damoiseau, Gui de Savine, Guil. *de Autra*, Gaston Guillaume *(Gastonius Guillelmi)*, du Caire *(de Cadro)*, sgrs de Savine, des dommages causés en la montagne de Morgon par les troupeaux de Savine. S'étant rendus sur lad° montagne, propriété de Boscodon, ils estiment les dégâts à 6 livres. A la requête de Pierre de Corps *(de Corvo)*, abbé de Boscodon, l'acte est rédigé, *apud Sabinam, in Chareria Recta, ante domum dni Pet. Arnulphi, cappellani*. Tém. Guil. Garnier, Franç. *Gala*, Giraud *Bocardi*, Pierre Arnoux, chapelain, *Filus Baboti* ; Pierre Garnier, not. impér. *(signum* en tête), 24 août 1296. — Vente par Hugues *Bocia*, cellérier de Boscodon, du consentement de Raybaud Artaud, d'Avançon *(de Avanzono)*, abbé dud. Boscodon, à *Ebredunus* Audin, des Crottes, de l'herbe de Margon pendant l'année présente, pour 40 l., dont 20 payables à la St-Jean et les 20 autres à la St-Julien. Cautions : Raymond Agnel *(Ayni)*, Jean Lautaud et Pierre *Becheti*, des Crottes. Tém. Jean *Bona*, Lantelme Agnel, Lagier *Savina*, des Crottes, et Ét. *Chalaoni* ; Jean *Saurella*, not. impér. Les Crottes *(apud Crotas)*, maison dud. Embrun Audin, 17 janv. 1301/2 (à l'Incarn.). — Vente par n. Guil. de Pontis, damoiseau, sgr dud. lieu, à

---

[1] Élu en 1248, 25 mai 1278 (Gams, *Series*, p. 545).

dom Pierre Chauvin *(Chaucini)*, abbé de Boscodon, de la montagne occidentale de Morgon, cfr. les prés des gens de Pontis au couchant, la montagne du Lauzet du midi, la montagne de Martin Jean, d'un autre côté, au prix de 160 l. de réforciats, dont quittance. Tém. Lantelme *Terracius*, médecin *(fisicus)*. Giraud Laugier, not., Pons *Symeon*, Ant. Ébrard ; Raymond Salvaing *(Salcagni)*, not. royal. Seyne *(Actum Sedene)*, maison de feu Franç. Bonnom *(Boni Nominis)*, 22 mars 1307 (v. st.)

H. 4. (Liasse.) - - 8 pièces, parchemin.

1316~1374. - - Accord entre Geoffroi *de Cubrcis*, précepteur de l'hôpital de St-Jean de Jérusalem en Embrunois et en Gapençais, d'une part, et Bertrand du Lauzet et Giraud Rostain *(Rostagni)*, moines et procureurs de N.-D. de Boscodon, d'autre part, au sujet de divers prés de Morgon qui payaient une redevance *(sercicium)* aux Templiers, et d'une vigne et d'une maison à Montmirail, lieu dit *Golaon*. Guil. *Calle*, précepteur de N.-D. de Lavere *(de Lacerco)*, et fr. Pierre de Rousset, précepteur du St-Sépulcre, de l'ordre de Boscodon, fr. *Salvati*, de l'ordre de St-Jean, conviennent que chaque parti jouira de ses droits. Tém. Jean Vacher, de Montmirail, Pons Rolland, de Montclar, Jean *Ausebii*, de Montmirail ; Guil. du Lauzet, not. nommé par Robert, roi de Sicile, comte de Provence et de Piémont. Montmirail, dans la vigne susdite, 27 avril 1316 (?) Albergement, par Guil. Albert, abbé de Boscodon, du consentement de ses religieux : Bertrand du Lauzet, prieur, Ét. de Barcelonnette *(de Barcellonia)*, grand cellérier, Pierre de Talard *(de Talardo)*, sacriste, Raymond de Turriers,... Guil. de Réalon, Pierre Babot, Pons Davin, Giraud *de Alcernis*, moines ; Jean *Rialoni*, et Jean Isnard, frères lais ; à Lantelme et Pierre Boyer *(Boerii)*, frères, d'un domaine sis à Montmirail, *ad Prahetos*, sous le service annuel. à la St-Michel, de 15 deniers viennois et la dîme. Tém. Pierre Babot, Raymond Nevière, de Savine, Pierre Thoard *(Tohardi)*, des Orres *(de Orreis)* ; Lantelme Peyron, not. impér. *(Signum*, croix au-dessus d'un rectangle contenant une croix pattée.) Abbaye de Boscodon, *in lngatorio*, 10 mai 1321. - Vente par Pierre *Salvati*, fils de feu Pierre, à frère Étienne, procureur de Boscodon, d'une vigne située à Chadenas *(in territorio Chapdempnacii)*, cfr. celle de Hugues *Auryoali* et celles dud. Boscodon, pour 17 l. 10 sols de viennois, dont quittance. Caution, Martin Thomé, du

Puy. Présents, Pons *Tabardelli*, Pierre Salvat, fils de Jean, et Eusèbe *(Ausebio)* Baho. Fait *apud Chapdempnacium, in domo monasterii Boscaudoni*, 8 févr. 1321/2 (à l'Incarn.). (Lantelme Peyron, not., par ordre de Hugues *Bochardi*, juge d'Embrun et du Champsaur, et de la Cour commune des Crottes, extrait cet acte des protocolles de feu Isoard *Romani*.)

Accord par Giraud *Rostagni*, moine et procureur de Boscodon, avec Pierre Raymond, de Pontis, chapelain, Rodolphe *Raynaudi*, Jacq. Lantelme, Pierre Raynaud, tous de Pontis, et Jean Théus *(Theucii)*, de St-Vincent, au sujet des dommages causés par les bêtes à cornes *(animalia armathina)* de ceux-ci, aux propriétés de Boscodon situées sur la montagne de Morgon. Ces animaux, au nombre de plus de 80, avaient été conduits au monastère. Les gens de Pontis s'engagent à payer les dégâts commis. Tém. Pierre Gontier, not., et Pierre Agnel *(Agni)*, d'Embrun ; Philippe *Baudoyni*, de Guillestre, habitant d'Embrun, not. imp. Embrun, maison dud. Pierre Gontier, 13 juil. 1336. — Promesse par Jean Rume, de Baratier, à Bertrand du Lauzet, prieur claustral, et Giraud Rostain *(Rostagni)*, grand cellérier de Boscodon, de payer une pension de 9 gros à l'O rond, pour 20 fl. d'or, légués par son oncle frère Guil. Truchel, donné ou frère convers de Boscodon, pour un anniversaire. Cette pension est imposée sur un pré sis à Baratier, *in Charpolho*, cfr. le chemin allant à la montagne et le pré de Giraud *Muthonis*. L'anniversaire sera célébré chaque année le jour de la St-Antoine, abbé. Tém. n. Guigues *Arberti*, Jacq. *Rostagni*, clerc d'Embrun, Guigues, des Crottes ; Michel Lombard, d'Embrun, not. imp. Embrun, *ante ecclesiam beate Marie majoris Ebredun., ante portam Sti Johannis*, 23 janv. 1318/9 (à l'Incarn.)

Quittance, par Dominique Laugier, chapelain de Seyne, qui devait cette somme de 5 fl. 1/2 à Guil. Isnard, fils de feu Ant. (16 août 1353), à l'abbé de Boscodon, de la somme de 5 fl. pour une chapellenie à Seyne. Tém. Ét. Rolland, Pierre Piole *al.* Blanc, de Seyne ; Jacq. Chalvet, de Seyne, not. royal. Seyne, maison de m° Guil. Pellicier, not., 21 mai 1354 (à l'Incarn.). — Bail par Pierre de Roussel, à Pierre Albert, notaire, d'une terre sise à Seyne *(in territorio Sedene à Bellovilla ris)*, au-dessous de St-Pons, cfr. les prés de Pierre Albert, et le chemin public, appartenant à Boscodon et de peu de revenu, et ce moyennant la pension de 20 sous, un florin de Florence compté pour 16 sous, et le service d'une obole, chaque année, à la Toussaint. Tém. n. Fasion de Prunières, et Mathieu Isnard, de Seyne ; Pons Arnaud, de Seyne, not. royal. Boscodon, *congregatis in locutorio Sti Marcellini dicti monasterii ad sonum tabule, ut moris est, viris venerabilibus videl. fratribus Rodulpho Ricardi, prioris claustralis, Michele Terracii, Jacobo de Crocio, sacrista, Giraudo de Polinhario, Guil. Augerii, monachis,* 5 janv. 1362/3 (à l'Incarn.), 1re indict.

Hommage à la Chambre des Comptes d'Aix, par Pierre, abbé de Boscodon, Isoard de Montorsier, précepteur de l'hôpital du St-Sépulcre de Chorges, Jacq. Brochier, sacriste de Boscodon, Pierre Aténoux *(Atenulfi)*, Michel Faure *(Fabri)*, Guil. Jehan *(Johannis)*, André Arnaud, Jean de Laye et Ant. Escalier, moines, tenus, de 29 en 29 ans, à faire cet hommage pour la montagne de Morgon *(de Morgono)*, cfr. la montagne de Boscodon de deux côtés, et celles du Lauzet et de Savine, d'un autre côté, celles de Pontis et d'Ubaye, d'autres parts, qui est franche sous le haut domaine de la Reine, comtesse de Provence, sauf les droits de lods *(jus laudimii seu trezeni pro precio trecentorum florenorum auri de Florencia boni ponderis* (Pierre de *Piniaco,* not. à Aix, 10 déc. 1344, 13e indict.), et suivant procuration faite par lesd. abbé et religieux à Franç. Dode *(Dodi)*, précepteur de la maison de Laverc *(de Laverco)*, le 12 janv. 1373. Présents : Nicolas *Spinelli,* chevalier, docteur ès lois, chancelier du royaume de Sicile, sénéchal de Provence, Honoré de Berre, de Nice, chevalier, professeur de droit civil, Véran Sclapon, de Barjols, maître rational de la Cour, Pierre Raynaud, *de Frovilio,* juge des appels, Raymond Clément, d'Orange, chevalier, professeur de droit civil, capitaine royal d'Aix, André *de Piniaco,* not. ; Jean *Audefredi,* de Jausiers, not. Aix, 28 janv. 1372/3.

H. 5. (Liasse.) — 3 pièces, parchemin.

1234-1386. — *Vidimus* par Bertrand [de Deaux], archevêque d'Embrun, Pierre Gontier, citoyen d'Embrun, not. impér., Jean Raynaud, clerc du dioc. de Nîmes, not. impér., et Jean *de Blasengo,* clerc du dioc. de Verceil, not. apost. et impér., à Embrun, palais archiépiscopal, dans la chambre dite *Croseria,* le 19 août 1338, en présence des témoins Hugues Chabassol, docteur ès lois, chan., et Jean Gontier, jurisconsulte, de la sentence arbitrale, du 4 des nones d'août (2 août) 1234, par Pierre *de Raconisio,* juge ordinaire delphinal, entre G. de

L'Escale *(de Scala),* abbé de Boscodon, et Guil. Gaudemar, syndic des habitants des Crottes : ceux-ci peuvent défricher et labourer depuis Combe *Giroart* jusqu'à la croix et au viol de *Milmanda,* en bas, en payant la tasque et la dîme à Boscodon des terres cultivées. Ils peuvent aussi cultiver au-dessus de lade combe jusqu'au Colombier *(ad Columber),* pendant 4 ans, ce qui y aura été défriché, en payant la tasque et la dîme ; mais, après ce temps, ils devront s'abstenir de toute culture. Ils peuvent faire paître leurs troupeaux jusqu'au Colombier : en outre, bûcherer, depuis l'Infernet jusqu'à la montagne de Naton *(de Atoyno)* et au pont *de Prato Alaucha,* pendant un an, sauf dans les prés vieux, tant qu'ils ne sont pas fauchés. Les religieux de Boscodon pourront en faire autant dans les montagnes dites *Les Chalpins,* jusqu'au rocher de Julien *(ad rochassium Juliani),* sans faire de dégâts aux terres des Crottes ; ils pourront de même descendre jusqu'aux fonds qu'ils tiennent de Pons Ségnoret *(a Poncio Segnoreto).* Présents : Guil. Humbert, prieur, Cunibert, cellérier, Albert, sous-prieur, Pons de Baudiment, Raymond Tibaud, Raymbaud, Olivier et Guil. Blanc *(Albus),* moines ; Guil. Raymond et Pierre Ayraud, Jacq., Raynaud, Raymond *Ronas,* Laurent, convers ; Michel, novice ; Jacq. convers, *Cottinus Nicholaus* et fr. Jean des Orres *(de Horreis).* Guil. Gaudemar prête serment d'observer cette sentence, au nom des habitants suivants des Crottes, tous présents : Faucon, Pierre Isnard, Jacq. l'Auvergnat, Arnoux Aymar, Jacq. Aymar, Arnoux Bontous, Giraud Bontous, Pierre Blanc, Raymond Élion, Michel et Ét. Élion, Pons Aínard, Pierre Augard, Martin Francou, Jacq. Francou, Pons Rancurel, Bertrand Chabrand, Pierre et Guil. Raynaud, Olivier Guigues, Bertrand *Claper,* Pierre *Perine,* Giraud *Palafrey,* Pierre Achard, Raymond des Orres *(de Crreis),* Giraud *Saura,* Martin *Tricaut,* Pierre *Berge,* Raymond et Guil. Lagier, Lagier Antoine, Laurent *Columpne,* Pierre *Roslagni,* Salvaing et Guil. Aymar, Aymar Laurent, Pons *Cristovol,* Bertrand *Sarterii,* Ét. Chabrand, Giraud Chabrand, Guil. de Vars, André Alard et autres. Tém. *Hugo,* évêque de Digne [1]), et Huguet de *Bonafacio,* son neveu, Pierre, prévôt d'Embrun, Guigues Agnel *(Agnus),* Gaudin et Pierre de Baratier, Guigues Roland, Bertrand Raymbaud et Guil. *Macieya.* Fait *in quodam campo sub domo de Montemirato dalla Cavallaria,* 2 août 1234 (avec le

---

1) Hugues de Laudun, évêque de Digne de 1233 à 1242.

sceau delphinal). - - Led. *Vidimus* fait à la requête de *Gaufridus*, abbé de Boscodon, et muni (jadis) de la bulle de la cour archiépiscopale d'Embrun, dont il ne reste que les tresses.

Commission par le Conseil delphinal à Jean Risoul, vibailli de l'Embrunais, contre Bertrand du Lauzel, prieur de Boscodon, et Pons de Montorsier, prieur de Ste Croix, procureurs dud. Boscodon, et Pierre Blanc, Guil. Humbert, Arnoux Daniel et Pons Ainard, des Crottes, ordonnant la restitution à ces derniers du bétail capturé par les religieux de Boscodon. Cette lettre avait été adressée à n. Raymond Falavel, juge majeur de Graisivaudan et du conseil delphinal, en suite d'une requête faite à Guigues *Borrelli*, juge, et Jean Risoul, vibailli de l'Embrunais, par Guil. d'Embrun, Guil. Humbert et Guil. Blanc, syndics des Crottes, d'une part, et les procureurs de Boscodon, de l'autre. Les syndics des Crottes prétendaient que Boscodon introduisait sur certaine montagne plus de brebis étrangères que de raison, qu'il devait payer pour ce motif 26 sous au Dauphin et au cosgrs des Crottes, ses pariers. Les religieux de Boscodon, au contraire, disaient que les gens des Crottes leur avaient pris divers animaux, et ils les avaient fait excommunier par la cour ecclésiastique d'Embrun. Convocation des deux parties devant le vibailli dud. Embrun dans la 15e, afin de juger le différend, et en particulier devant Guil. d'Embrun, Mathieu de Baralier, Jacq. Aghel, officiers delphinaux. Grenoble, 1er août 1351. Présents au conseil : Ar. *Loduren.*, Jean de Grolée, Franç. *de Tesio*, chevaliers, Raymond *de Tesio*, trésorier delphinal. Citation auxd. parties de comparaître dans les cinq jours sous peine de 25 livres d'amende. Tém. n. Albert *de Valle*, habitant d'Embrun, et Michel *Seseri*; Michel Lombard, not. impér. Embrun, *in palatio*, 5 août 1351. — Requête à Rodolphe *Ricardi*, abbé de Boscodon, par n. Pierre Bonabel, licencié ès lois, de pouvoir faire paître 26 bêtes bovines pendant cet été dans les montagnes de l'abbaye et des Crottes, attendu les droits que lad. abbaye a sur les montagnes des Crottes ; ce qui est accordé. Tém. Ant. *Milonis* et Pierre *Tholzani*, d'Embrun ; Pierre Paris, not. imp. Ead. die, *in domo monasterii Boscodonis*, 2 juil. 1386 à [illegible].

H. 6. (Liasse.) — 4 pièces, papier.

1401-1419. — Quittances : de 3 fl. par Guil. Isnard, père et légitime administrateur de son fils Martin, recteur de la chapellenie de St-Antoine, fondée par feu Jarame Isnard, en l'église de Seyne, à J., abbé de Boscodon, sur les revenus de la montagne de Morgon. Tém. n. Guil. Albert, du Queyras (*de Cadrassio*), et frère Jacq. Sauret. Boscodon, 21 août 1401 ; — de 10 fl. au même par Mathieu Isnard, chapelain de Seyne, recteur de la chapellenie fondée par feu Jarame Isnard, de Seyne, à l'autel de St-Antoine, église de Seyne, pour deux ans de pension sur Morgon. Tém. Pierre Alrand, de la Chapelle (de Savine), et Louis *de Mondino*, 3 juin 1404 ; — de 5 fl. par le même, au monastère de Boscodon, par les mains d'Arnoux Raymond, drapier d'Embrun, pour même motif. Tém. Marcellin *Revelli* et Rodolphe Moulin, de Seyne, 4 mai 1413 ; — de tout ce qui lui était dû par le même à Guil. Serre et Jacq. Sauret, procureurs de Boscodon. Tém. Barthél. Rolland et Pierre Margalhan, de Sélonnet, Ant. Margalhan, not. Sélonnet, maison d'Antoine *Baudeti*, 25 août 1419.

H. 7. (Liasse.) — 7 pièces ou cahiers, papier.

1240-1428. — Copies : 1º de la confirmation par Aymar, archevêque d'Embrun, en faveur de Boscodon de la montagne de Morgon revendiquée par n. Guil. de Pontis, son fils Guil. et les gens de Pontis. Présents, Hugues, évêque de Digne, son neveu Hugues d'Embrun, chevalier, Pierre, prévôt d'Embrun, Guil. Hugon, courrier, Isoard de Baralier, chevalier, Benoit Alrand, vicaire de l'église de St-Pierre d'Embrun. *Apud Praals*, 18 des calendes de mai (14 avril) 1242 ; — 2º de la sentence rendue par Guil. Mercier, juge de Digne, et Pierre Bonnom, baile de Seyne, sur l'ordre de Guil. du Saix (*de Sayscio*), sénéchal de Provence, au sujet des rixes entre les moines de Boscodon et les habitants de Pontis, à propos de la montagne de Morgon. Guil. de Pontis, Guil. Isoard, gendre de ce dernier, et leurs hommes avaient injurié Guil. *Pastura* et autres religieux. La montagne de Morgon est attribuée à Boscodon. Tém. Arnoux de Méolans, templier, Pierre Motel, chapelain de Seyne. Guil. de Faucon, Gaudemar Olivier, Hugues Charlan, du Lauzel, Gaudemar Maffred, Lantelme Richau, et Crescent Rodolphe *de Scarena*, Raoul *Fellolus*, not. consul. Seyne, maison de Pierre Bonnom, 7 des calendes d'août (26 juil.) 1240 ; — 3º de l'information faite par Jacq. *de Bareri*,... (de Ravenne ?), juge du Gapençais, au sujet de la montagne de Morgon dite de *Martin*

Jean, litigieuse entre Boscodon et les habitants de Savine. Sont entendus, Pierre de Corps *(de Curvo)*, moine et procureur de Boscodon, frère Pierre Serène et Pierre Pascal, Imbert du Serre *(de Serro)*, Bertrand Porte, Laurent Eymar, Durand Michel, Giraud Freyssinière et nombre d'autres. Embrun, 6 août-17 oct. 1278; — 4° de l'enquête relative aux limites de Morgon, à la requête de Pierre de La Croix *(de Cruce)*, moine et procureur de Boscodon, en présence de B. Blégier, juge de la Val de Mucius *(Vallis Mucii)* et de Seyne; sont entendus: Olivier Cornet, Pierre *de Crecolis*, Pierre *Greme*, Lagier, *Bartolomei*, Pierre Fournier, Pierre Lagier, Guigues *Baucinus*, Garnier, Simon, religieux; Giraud Vernin, des Crottes, Jean Rancurel, Giraud Freyssinière, d'Embrun, Guil. *Cayrelli*, Ebredunus Bernard, Guil. *Vercella*, B. Ardoin, de St-Vincent, Pierre Lan, de Pontis, Guil. Baud, Raymond Donat, Ant. Olivier, Jean Barnier, Guil. Lautard, Guil. Latil, Pierre André, de Seyne; Et. Laugier, not. royal, 10 oct. 1278 (Extr. fait à la requête d'Abel de Sautereau, abbé de Boscodon. Savine, 16 sept. 1620). — 5° de la vente ou bail emphytéotique par Guil. Isnard, fils de feu Juramus, de Seyne, Jean Isnard, son frère, Juramus et Boniface, fils de Guil. Bertrand, Roulx, chan. d'Embrun, et Raymond Roulx, gendre de Béatrix, veuve de Juramus Isnard, à Geoffroy, abbé de Boscodon, de tous leurs droits sur la montagne de Morgon, cfr. la montagne du Lauset, celles de Savine, de Pontis et d'Ubaye, moyennant 300 florins d'or de Florence (18 juin 1344; acte confirmé le 21 avril 1345), et avec obligation de payer, chaque année, à la cour des comptes de Provence un florin de Florence. Présents, n. Boniface et Pierre de Pontis, frères, Guil. Henri, de Cadenet, jurisconsulte, Raymond *de Petagena*, vic. royal à Aix, Jacq. Bérenger, chevalier, et autres. Aix, 1er juil. 1345 (2 copies).

Hommage par Isoard de Montorsier, précepteur du St-Sépulcre de Chorges, Jacq. Brochier, sacriste de ce monastère, Pierre Athénoux, Michel Faure *Fabri*, Guil. Jeannin, André Arnaud, Jean de Laye et Ant. Escalier, moines de Boscodon, à la comtesse de Provence, de la montagne de Morgon, par lequel ils reconnaissent lui devoir, tous les 29 ans, la somme de 28 fl. d'or. Tém. Honoral de Berre, de Nice, chevalier, Véran *Siliponi (?)*, maître rational, Pierre Reynaud, *de Trocilio*, juge d'appeaux, Raynaud Clément, *de Aureyta*, chevalier; Jean Audiffred, de Lauzière, not. Aix, 31 janv. 1373/4 (à l'Incarn). — Transaction entre Pierre *de Sto-Ainiano*, licencié ès

décrets, abbé de Boscodon, et les habitants des Crottes, qui fixe le chemin de ces derniers allant dans les montagnes de Tronchet et de Bragous, le long du torrent de l'Infernet, celui du Colombier et le bois de Mirmande. Tém. Jacq. de Bonne, not. de St-Bonnet, Claude Chabert, Robert Perrin, du dioc. de St-Flour, serviteur dud. abbé; Jean *Joffredi*, not. Les Crottes, devant l'église, 19 oct. 1428 (à Noël).

H. 8. (Liasse.) — 10 pièces, papier.

1190-1488. — Copies de la donation à Boscodon et à la maison de St-Maurice, du territoire de Malcor, le long de la rive droite de la Durance, depuis Valserres jusqu'à la Vance *(a rico d'Avanza)*, par Béatrix, dame de Jarjayes. Présents: l'abbé, Pierre Vieux et Guil. de Molines, moines, Lantelme de Valserres, Guil. Achard, Pierre *Dodo*, Isnard *de Lara*, Jean Espagne, Guil. Ferrus, Datil, Arnaud Flotte, mari de lad° Béatrix, [Jarjayes], *ante ecclesiam sancti Thome*, 1190. — Sentence entre Boscodon et Les Crottes au sujet de Combe Girourd, Mirmande et Colombier. Montmirail, 4 des nones d'août (2 août) 1234. — Vente à Boscodon, par Pierre de Tournefort, des biens qu'il possède près du Colombier, et ce, de l'avis de Pons, son père, et d'Agnès, sa femme. Tém. Roland de Tournefort, Garnier de Savine, Pierre *Fulco*, Pierre dit *Avenzons*, André de Turriers, cellérier de Boscodon, Olivier prieur, Pierre de Corp, moine; Jean Réalon, not. impér. et de Jean [1], archevêque d'Embrun. Chadenas *(apud Chabdenasium)*, 22 avril 1269. — Enquête par Jacq. de Ravenne, juge du Gapençais, au sujet d'injures faites aux animaux et aux convers de Boscodon par les habitants de Savine, dans les montagnes de Montmirail, dites Martin Jean, *Lo Gip*, jusques au Barnafred, et ce, au requis de Pierre de Corp, religieux et procureur. Sont entendus à Embrun, le 6 août 1278, Arnoux de Turriers *(de Turris)*, abbé de Boscodon: le 20 août, le moine Florent, Guil. *Fulco*, Et. *Fulco*, Pierre de Tournefort, Roland de Tournefort, Garnier de Savine. Tous déclarent que Boscodon fait paître ses troupeaux dans ces quartiers, à l'exception de ce qui appartient aux Templiers. Les seigneurs de Savine n'y possèdent rien. Upaix, *juxta portam palatii dni Delphini*; Hugues de Réalon, not., 17 oct. 1278.

Enquête faite au requis de Pierre de Corp, procureur de Boscodon, par Bertran *Bleserii*, juge de

[1] Lire Jacques [de Sérène].

Vaudemont et de Seyne, sur la propriété et possession de Morgon, sise en Provence, et du domaine du comte, roi de Sicile. Sont entendus : Olivier *Cornety*, moine de Boscodon, qui alla déposer à Digne : « le s¹ Jean de Chartres, estant baysle », dit que lad⁰ montagne a été achetée du sgr de Pontis, « le sʳ Almaric de Limon pour, lors sénéchal de Provence », qui reçut, pour lods et treizin, 80 l. en bois de haute futaie ; Pierre de Crévoux, moine, dit « qu'il avoit veu la batterie et viollences arrivées entre les hommes de Pontis et les hommes de Boscodon, à laquelle occasion il y eut effusion de sang » (information reçue par Raymond Fréalland, not. de Seyne); Pierre *Serena*, moine ; Guil. *Garçony* ; Ét. Garcin, de Montclar ; Giraud et Pons Paris, des Crottes ; Jean Barthélemy, Giraud Vernin et Laurent Eymar, des Crottes ; Pons Roslain, Jean Rencurel, Giraud Freyssinière, d'Embrun ; Ét. Avondy, Guil. Cayrelly, Humbert Duserre, Ebredun Bernardy et Guil. Verzella, d'Embrun ; Benoit Ardoin, de St-Vincent, et Pons Lau. de Pontis: Pierre Rodulphe, Giraud Lau, Guil. Daud, Ét. Combe, d'Ubaye, Raymond *Bonity*, Raymond *Bonatelly*, Laurent Ardoin, Ant. Ollivier, Jean *Barnery*, Guil. *Lautardy*, Guil. Albrandy et Pons André, dit Morel, font de semblables dépositions ; Ét. Laugier, not., 10 oct. 1278.

Hommage par Pierre de Roussel, précepteur du St-Sépulcre de Chorges, à Hugues de Baux, sénéchal de Provence, de la montagne de Morgon, vendue à Geoffroy, abbé de Boscodon, par Guil. et Jean Isnard, Juramy et Boniface, fils dud. Guil., héritiers de Juramy Isnard, moyennant 300 fl., dont 230 l. payées le 14 sept., pour dot de Béatrix, femme de feu Juramy Isnard. Tém. n. Guil. d'Esparron, prof. en droit civil. n. Pierre Gaufredy, cosgr de Portes, Jacq. Audibert, Jean Peyronely, domestique du sénéchal, Raymond Rogne, de Seyne, et Hugues Bernard, notaires ; Pierre de Pinniac, not. d'Aix. Avignon, maison dud. sénéchal, 10 déc. 1344.

Quittance par Bertrand du Lauzel, sacriste et procureur de Boscodon, à Guignes *de Ruffo*, baile (*baiulo)*, des Crottes, de 10 tournois d'argent, prix de la moitié des droits de pâturage de Montmirail (l'autre moitié étant due au Dauphin), qu'il avoit exigés du maître de l'aumône du St-Esprit d'Embrun et d'autres ; Ét. *Fulconis*, not. Les Crottes, *in prato nob. Guilelmi de Ebreduno, prope grangiam*, 11 oct. 1347. (Ce payement est fait sur l'ordre de Mermet *Georgii*, vibailli et vice-juge et châtelain de la cour du palais delphinal d'Embrun, aud. Guignes

de Ruffo, mistral et *mayrergo* de lad⁰ cour aux Crottes et à Montmirail. Embrun, 10 sept. 1347.) — Hommage par Rodolphe de La Font, qui se déclare homme lige du Dauphin et tenir de lui la cosgrie de Savine. Grenoble, 2 août 1390. — Extrait de la reconnaissance faite par Jacq. Garcin, f. de feu Isnard, en faveur de l'abbé de Boscodon, d'un pré sis à St-Étienne-d'Avançon, lieu dit *ès Fons Claires*, pour lequel il paye 12 gros chaque année, 21 sept. 1487, etc.

H. 9. (Liasse.) — 6 pièces, papier.

1263-1491. — *Documents divers.* — Appel comme d'abus par Jean, abbé de Boscodon, contre Michel de Perellos, archevêque d'Embrun, à l'occasion d'une prétendue extension de juridiction sur un religieux dud. Boscodon (vers 1420). — Quittance de 100 fl. à Louis Brunel, not. de Grenoble, par les religieux de Boscodon, pour prêt. Présents, Jean Blache, prieur claustral, Michel Bertrand, Jean du Dévoluy *(de Volodio)*, Claude *Buelli Rivi*, Jean de Beaumont, Ant. *Barbaroti*, Ét. *Baruti* et Ant. des Crottes *(de Crotis)*. Tém. Ét. *Bullati*, du dioc. de Troyes *(Trecensis dioc.)*, Guil. Balestre et Pierre Godard, des dioc. de St-Flour et de Rouen ; Ant. Saurel, d'Embrun, not. Boscodon, 20 juil. 1443 (à l'Incarn.). Suit l'approbation donnée par Pierre de St-Agnan *(de Sto Agniano)*, abbé de Boscodon, 31 juil. 1443.

Copies anciennes relatives : aux îles communes, indivises entre l'abbaye de Boscodon et divers cosgrs, sises à Montmirail, cfr. la Durance, l'île de feu Rodolphe Albert, le domaine des Templiers *(factum seu confines Templi)*. Boscodon, *in parlatorio monachorum*. Tém. Hugues *Castilhoni, de Peyrussio*, Raymond *Aurelli*, des Crottes, Jean *Rosselli*, de Chorges ; Ét. *Fulconis*, not., 2 juin 1443 ; — à la chasse dans lesd. îles communes, défendue par ordre du Dauphin, sauf aux religieux de Boscodon. Tém. Ét. Pelat, juge de l'Embrunais et du Champsaur, Raymond Agnel, Pons Aymar, Jean *Nabrivet*, Pierre *Paesii*, champier, Jean *Bona* et Jean *Coreti* ; Jean *Borrelli*, not. Les Crottes, *super terraciam furni*, 10 févr. 1304/5 (à l'Incarn.) ; — à la chasse des lapins à Montmirail, lieu dit *Las Isclas communals*, où avaient été surpris Jean Chanlier, des Crottes, *Ebredunus* Jay et Elzéar Gaudemar, qui chassaient *cum furis seu fusonibus et aliis ingeniis... citra versus Sabinam*. Présents, Bertrand du Lauzel, prieur de Boscodon, Raymond Chabrier, Boniface d'Embrun, Rodolphe d'Embrun, Pierre de Baratier, François Agnel, Raymond, Fraymond Frelet, de Savine; Jean Martin, not. Les Crottes, 16 janv. 1316 ; -- aux tasques *(de taysiis)* de Montmirail au temps du dauphin Jean. Ordre par Jean Humbert, juge du Gapençais, Hugues du Puy, chevalier, sgr de *Relharie*, et marquis *de Clais*, chan. de Valence, de ne pas molester les religieux de Boscodon, la maison des Templiers, Boniface d'Embrun, Raymond Agniel et leurs pariers à Montmirail. Embrun, 10 nov. 1319, 2e ind. : — sur le même sujet : Hélène, veuve de n. Pons Albert, de Savine, et Giraud, son fils, ont donné à G[eofroi] *de Bordellis*, abbé de Boscodon, tout ce qu'ils possédaient à Montmirail, *a rico Boscoudoni usque ad cumbam Rabuel et usque ad ricum Barnafredum*, et toutes les tasques et leydes, pâturages, *desmascamenta,.. servicia et cartonos*, à St-Ferréol, *a costa que est supra domum Guill* Rambaudi usque ad ricum Barnafré et retinendo segnoriam quam habent in Petrum de Tornafort*, sous un denier de cens à la Toussaint, outre 8 livres de Vennois données par led. abbé. Tém. Garnier, Pierre Lagier, *Amandatius*, Pierre Fournier, Guil. *Castellani*, Guil. *Orseria* ; Guil. Poinier, not. La Chapelle *(apud Capellam de Sabina)*, 18 juin 1274 ; -- aux pâturages de Montmirail. Promesse par frère Martin *Salhoni*, donné de l'aumône du St-Esprit d'Embrun, Pierre Baridon, Guil. Balb, Guil. Bonabel, Jean *Graciani*, me Marcon Élion, de l'aumône de St-Marcellin d'Embrun, Jean Sauveur, f. de Jacq., Ant. Bouteille, Pons Pellegrin, tous d'Embrun, sur l'ordre de Guigues *de Ruffo*, baile delphinal des Crottes, de Baratier et de Montmirail, de payer à l'abbé de Boscodon les droits de pâturage dans le territoire de Montmirail qu'ils lui doivent ; Hugues Gaudemar, not. Les Crottes, *in villa Veteri, in platea, ante penu liberorum Franci Agni*, 14 mai 1346 ; — aux pâturages de Montmirail. Accord à ce sujet devant Pierre d'Avalon *(de Acanlono)*, chevalier, bailli *(balicius)* d'Embrun, et Hugues Bouchard, juge, entre Bertrand du Lauzet, prieur de Boscodon, et Jean Martin, procureur delphinal. Boscodon continuera à jouir du louage qu'il perçoit sur les troupeaux étrangers dans led. territoire de Montmirail, 1er févr. 1315 (v. st.); — au sujet des prés légués à Boscodon, pour la nourriture des religieux *(pro pidancia)*, par Giraud de Savine, beau-père de dame Hélène, veuve de Pons Albert, de Savine, et par *Arayda*, mère dud. Pons, époux de lade dame. L'abbé de Boscodon et ses moines, Arnoux, prieur, Guil. de Turriers, Gombert, P. de Seyne, Ebredunus, sous-prieur, Guigues, cellérier majeur, Arnoux, sous-cellérier, Isnard Gerin, Pierre de Turriers, G. Giraud et tous les convers : P. de Crévoux, Pierre Barthélemy et Simon nomment pour arbitres, d'accord avec la dame Hélène, Guil. Agnel, chapelain de Savine *(cappellanum de Sabina)*, et Rodolphe d'Orsière, afin de trancher toutes causes de litige. *Die prima post Pascha* (2 avril) 1263.

Fragments d'un mémoire par un commissaire du Dauphin, au sujet des droits de Boscodon sur l'île de Montmirail, le droit de chasse, les pâturages de Morgon, les cens dus à St-Apollinaire, au mas de L'Auche, *subtus fortalicium dicti loci*. Tém. n. Raymond Albert et frère Henri de Beaumont : A. *Actueri*, not. Embrun, maison de Boscodon (s. d.) — Mémoire en faveur de l'abbé de Boscodon contre Ant. de La Villette, cosgr des Crottes et de Savine, vassal du Dauphin : Boscodon est placé sous la sauvegarde delphinale. Le 3 août 1424, à Embrun, Jacq. Sauret, prieur de Ste-Croix, a été attaqué par led. cosgr et 5 ou 6 hommes armés, qui l'ont retenu prisonnier *cum quodam suo mulo*, et incarcéré *in suo fortalitio de Crotis*. Le 6 août 1425, n. Jacq. de La Villette, père dud. Ant., a reconduit le susd. Jacq. Sauret à Embrun, en suite des réclamations des syndics de la ville, *pro conservatione suarum libertatum*. Sous le gouvernement de l'abbé actuel, divers individus des Crottes, *cum balistis, ensibus, venabulis et aliis armis*, ont envahi le monastère de Boscodon et blessé gravement un clerc, cuisinier dud. monastère. Lorsque l'archevêque d'Embrun se rendit à Boscodon, l'inculpé et son frère Guillaume y vinrent et tentèrent d'en briser les portes. En mai et juin 1445, il a surpris plusieurs religieux et les a incarcérés dans son château des Crottes. Déjà en 1444, avec 10 ou 12 complices, il tenta de s'emparer de Claude *Ruelli*, religieux, qu'il attaqua sur la route. Peu après, il détruisit un radeau de pièces de bois du monastère, vendues à des marchands de Provence, et qui se perdirent dans la Durance (1445). -- Création de l'office de camérier, auquel sont affectés les revenus du bénéfice ou chapelle de Ste-Marie Madeleine des Escoyères *(de Choeriis)*, de la paroisse d'Arvieux. Présents : Claude d'Arces, abbé, Claude Berton, prieur claustral, Et. Roche, sacristain. Et. Pellegrin, Jean *de Fabro*, prieur de N.-D. de la Blache. Jean Bermond, prieur de St-Denis, et Vincent d'Eymonet *(de Aymonetis)*, prieur de St-Maurice. *Longonnus* (?) *Grangie*, Claude Albert, et Suffred Toussel, moines.

Tém. Laurent et Blaise Olivier, frères, Guil. Chabrier, des Crottes ; Barthél. *Aymonis*, not. d'Embrun. Boscodon, chapelle de St-Firmin, 17 août 1491
(Extr. du 28 janv. 1617).

II. 10. (Liasse.) — 9 pièces, parchemins ; 3 pièces, papier ;
3 sceaux.

1416-1501. — Confirmation par le cardinal Jean,
évêque d'Ostie, vice-chancelier au concile de Constance, d'une sentence rendue entre l'archevêque et
le chapitre d'Embrun et l'abbaye de Boscodon, au
sujet des dîmes de Chadenas *(de Champdenacio)* :
l'appel porté au concile est rejeté et l'archevêque et
le chapitre d'Embrun sont condamnés aux dépens.
Constance, église de St-Étienne, 3 juil. 1416. Théo-
doric ou Thierry du Mont, not. apost. et impér. (Sur
lacs rouges grand sceau ovale en cire rouge dans
cire blanche). — Sentence par Guil. Éme, licencié
ès lois, conseiller delphinal, juge majeur de la cour
delphinale d'Embrun, prescrivant à Claude Berle et
Jean Vachier, consuls des Crottes, la restitution de
347 bêtes à laine appartenant à des bergers provençaux, qui avaient été saisis sur les montagnes de
Boscodon, conformément aux actes reçus le 26 août
1443, par Ant. *de Molena*, greffier de lad° cour et
transmis, pour exécution, à Claude Peyron et Blaise
Chabassol, bacheliers ès lois, d'Embrun, contre
Mathieu Garnier, notaire, et Ant. Rencurel, champier, des Crottes, en faveur de Jean *Blachie*, prieur
claustral de Boscodon, et Ét. *Bullati*, procureur de
ce monastère. Tém. Giraud *Argentini*, de Colmars
(de Colle Marcio), Simon *Boneti*, de San-Peyre, dioc.
de Turin, bergers de Boscodon, Jean Albrand et
Ant. *Fulconis*, des Crottes ; Guigues Garcin, clerc de
Molines, résidant à Embrun, not. impér. et delphin..
et Giraud *Crohini*, de *Chirina*, dioc. de Cambrai,
résidant à Embrun, not. impér. Les Crottes, *infra
menia, de retro ecclesiam, ante domum confratrie*,
10 oct. 1443, 6° indict. *cum eodem anno sumpta.*

Bail à ferme par Pierre *de Santo Agnhiyno*, docteur ès décrets, abbé de Boscodon, Michel Bertrand,
sacriste, Ét. Pellegrin, Jean *de Rivo*, Jean Vivet,
Jacq. Blachie, Ant. *de Bessolis*, Claude Albert, André
Orsière, Jean Blache, Pierre de La Font *(de Fonte)*,
Ant. Saunier, et Ant. Faure *(Fabri)*, moines de la
maison de Paillerols *(de Palheyrolis)*, en Provence,
membre immédiatement soumis à Boscodon, aux
susdits Jean Vivet et Claude Albert, du domaine de
Paillerols, de la maison et vacherie des Mées *(de

Mediis)*, terres *de Bruneto vel Castelleto*, sous de
multiples conditions. Tém. Jean Fortoul *(Fortolis)*,
Jean Isnard et Jean Philip, fils de Pierre, des Crottes ;
Ant. Sauret, d'Embrun, not. impér. Boscodon, *ad
sonum campane, ut est moris*, 25 nov. 1455, indict. 3°,
1re année du pape Calixte III. — Reconnaissance de
la montagne de Morgon faite par-devant la Chambre
des comptes de Provence par Jean Blache, prieur
claustral, vicaire et procureur de dom Bernard,
abbé de Boscodon, suivant sa procuration du
1er avril 1465 (Giraud *Crohini*, not. de Villeneuve-de-
Berg), et moyennant 25 ducats, dus de 29 en 29 ans,
reçus par Pierre *de Trognono*, trésorier général,
Jean *Cona*, lieutenant gén., Jean Gérente, conseiller,
Jean *Bartholomei*, licencié en l'un et l'autre droit,
grand maître rational. Aix, 16 déc. 1465. — Procuration aud. Jean Blache, vic. gén. de Dom Bernard
Astars, abbé de Boscodon, absent, à Ant. Saunier
et à Jean Dévoluy *(de Volodio)*, moines, à Jean
Jacques *(Jacobi)* et Honorat *de Mari*, notaires d'Aix,
par les religieux de ce monastère pour faire lad°
reconnaissance. Présents : Michel Bertrand, chantre, Jean de Beaumont, précepteur du St-Sépulcre,
Ant. *de Bessolis*, prieur de St-Maurice, Ét. Pellegrin,
recteur de La Couche, Jean du Faure *(de Fabro)*,
Barthél. de Rousset, Jean *Rostagni*, Pierre Payan,
Albert d'Espinasses, moines. Tém. Arnaud Albert,
alias Imperii, de Chorges, Guil. *Jaquo*, maître de
chant *(magistro cantus)*, et Albert Meyer, d'Arvieux
(de Arveolo) ; Gérard *Crohini*, du dioc. de Cambrai
(Cameracen.), résidant à Embrun, not. delph. et
impér. Boscodon, 14 août 1465, indict. 13°.

Lettres de Louis XI, en faveur de l'abbaye de Boscodon, contre les habitants des Crottes, qui avaient
pris, « tué et mangé grant quantité de brebiz et de
motons, jusques à 30 trenteniers » (900 bêtes). Bour-
ges, 5 févr. 1466 (traces de sceau sur simple queue).
— Bail à ferme par Jean de Beaumont, abbé de Boscodon, Ét. Pellegrin, prieur claustral, Pierre Rieu
(Rivi), sacriste, Michel Bertrand, chantre, Jean Blache, prieur du Sépulcre de Chorges, Ant. *de Bessol-
lis*, prieur de St-Maurice, Jacq. Blache, recteur de
Sallon, Jean *de Fabro*, recteur de La Couche, Pierre
Payan et Claude Albert, moines, Pierre de La Font
(de Fonte), Jean *Rostagni* et André Lagier, frères,
assemblés dans la chapelle de St-Firmin, lieu ordinaire du chapitre, à Guil. le vieux et *Scantrino* le
vieux, frères, de Chorges, de la moitié des biens
que led. monastère de Boscodon possède à Chorges,
au forest de *de Poterac, al. Potheyrac*, pour 29 ans,

moyennant 2 charges de blé chaque année à la St-
Michel. Tém. Ant. *Amici.* d'Embrun, et Alexis
Lagier, des Orres ; Guigues Garcin, not. delph.
Boscodon, chapelle de St-Firmin, *in loco capitulari
consueto, ad sonum campane more solito congregati
capitulariter,* 22 août 1469, indict. 2ᵉ.

Quittance de 20 fl. par Pierre *Luyseti,* infirmier de
St-Michel de La Cluse, à l'abbé de Boscodon pour
pension, 21 oct. 1487. — Reconnaissance à la cour
des Comptes de Provence, par n. Pierre Albert,
secrétaire royal, mᵉ rational et archiviste, procureur
de Claude d'Arces, abbé de Boscodon (15 oct. 1489).
de la montagne de Morgon, moyennant payement
de 25 ducats. Aix, 22 nov. 1489, Jean Matheron, premier président. — Bail emphytéotique par Gui *de
Feugeriis,* abbé de Boscodon, à Julien Borel, des
Crottes, du pré dit *Pra Consentani,* moyennant 6
florins de cense chaque année. Tém. n. Oronce
Franconis, Martin de La Villette, sgr des Crottes,
Jean Disdier, licencié ès droits, juge majeur et
ordinaire d'Embrun et du Champsaur. Boscodon,
23 sept. 1501. Suit l'approbation dud. acte par les
moines de Boscodon : Gui de Feugères, abbé, Isnard
Raine, chantre, Jérôme Mathieu, camérier, Jean
Rostagni. Jean *Chapotoni,* Él. Lèche, Pierre Alard,
Ant. d'Orsière et Ét. *Charrioti,* moines ; Jean *Crecy,*
not. résidant à Embrun, not. impér. *Ibid.* Id. 23 sept.
1501, etc.

H. 11. (Liasse.) — 14 pièces ou cahiers, papier ;
2 pièces, parchemin.

1145-1551. — Pièces de procédure entre l'abbaye
de Boscodon et le chapitre d'Embrun, au sujet des
dîmes des vignes de Chadenas. Lesd. vignes avaient
été données à Boscodon par Guillaume, archevêque
d'Embrun et légat du siège apostolique, et par le
chapitre en janvier 1153 *(luna 27ᵃ),* et en échange
d'un manuscrit des Décrétales *(ad memoriam hujus
donationis et confirmationem, canonici voluerunt ha-
bere a fratribus de Boscaudono librum Decretorum, et
habuerunt eum).* D'ailleurs, le pape Eugène III, par
bulles données à Viterbe le 8 des ides de nov.
(6 nov.) 1145, ind. 9ᵉ et 1ʳᵉ année de son pontificat,
et à Rome le 5 des calendes de mai (27 avril 1150,
6ᵉ année de son pontificat), avait exempté les religieux de Boscodon du payement de toutes dîmes.
Ce privilège avait été confirmé par Innocent III, au
palais de Latran le 11 févr. 1196, et par Alexandre IV,
à Naples le 24 avril 1255 *(viij kal. maii pontificatus*

nostri anno primo). Mais, à la suite de difficultés et
d'un compromis, signé à Embrun le jeudi après
l'octave de S. Martin (19 nov. 1282), entre Pierre de
Verdun, chantre de l'église d'Embrun, et Arnaud de
Turriers, abbé de Boscodon, les arbitres *Ebredunus*
Martin, chan. d'Embrun, et le prêtre Chabas *(Cha-
bacium),* de Pontis, le 15 févr. 1282/3, rendirent une
sentence, qui condamnait Boscodon à payer au
chapitre d'Embrun les dîmes de Chadenas, au 20ᵉ
du vin et au 15ᵉ des grains. De là des réclamations
de la part des moines de Boscodon, sous prétexte
que l'abbé Arnaud de Turriers avait agi seul et sans
autorité, au préjudice des privilèges de son abbaye.
Le pape Jean XXIII, à St-Antoine près Florence,
le 4 sept. 1414, casse la sentence arbitrale susdᵉ et
exempte de toutes dîmes les possessions de Boscodon situées à Chadenas. De là un long procès,
devant la cour pontificale. A la requête du chapitre
d'Embrun, le pape Martin V, par sa bulle donnée à
Constance le 1ᵉʳ avril 1418, révoque celle de Jean
XXIII. Par autre bulle (non datée) il confie à Pierre
Nardi, son chapelain, auditeur du palais apostolique, le soin de régler la question de Chadenas. —
Mémoire dans lequel sont exposés les faits mentionnés ci-dessus : *In causa Ebredunensis vinee in causa
nullitatis.* Outre Pierre Nardi, l'affaire est soumise
successivement à Jean *de Opizio,* à Jean Caraccioli [1]).
à Jean de *Palena,* à Jean *Le Sire,* à Guil. *Maligeneris,*
à Jacq. *Frassengiis,* aux cardinaux de St-Marc, de
Foix et de Lodi, à Jean *de Milis,* de Brescia, avocat
consistorial et autres encore (vers 1418).

Lettres patentes du dauphin Louis I, fils aîné du
roi de France Charles VI. qui reconnaît à Boscodon
le droit de ne payer aucune dîme, pour ses possessions de Chadenas, que le chapitre d'Embrun, en
octobre 1413, fit envahir à main armée, avec « armes
invasibles, comme hauberjons, espées, haches.
espieux et autres armes défendues », et en s'empa-
rant par force des meubles enfermés dans le cellier
de Boscodon à Chadenas. Senlis, 25 sept. 1414. —
Copie de l'accord conclu entre Pierre de Verdun.
chantre de l'église d'Embrun, recteur de la maison
de chanonge, et les religieux de Boscodon, au sujet
des vignes de Chadenas, le jeudi après l'octave de
S. Martin (19 nov.) 1282, au moyen d'*Ebredenus* Martin, chan. d'Embrun, et Jacq. Chabas *(Chabacii),*
prêtre de Pontis, arbitres. Il est approuvé, le samedi
avant la fête de Ste Cécile (21 nov.) par le chapitre

[1]) Évêque de Frigento *(Frequentinus),* 1403-1425 (Gams, *Series,*
p. 851).

d'Embrun, et le jour de la fête de Ste Cécile (22
nov. 1282), par les religieux de Boscodon. Par cet
accord les religieux de Boscodon s'obligent à payer
au chapitre d'Embrun le 20e du vin de Chadenas et
le 15e des grains qui y sont perçus. Embrun, maison
du chan. Jean Réolon, 15 févr. 1282/3. — Requête au
gouverneur de Dauphiné par les religieux de Boscodon au sujet des violences commises de la part
du chapitre d'Embrun dans le domaine de Chadenas, le 10 oct. 1413, par diverses personnes nomina-
lement désignées. — Citation à comparaître devant
lui lancée par Aimon de Chissé, évêque de Grenoble, conservateur des privilèges de Boscodon et
juge en cette partie, contre les personnes susdites.
Grenoble, 28 oct. 1413. (Au dos:) attestation par le
notaire Louis Sordanelli, certifiant qu'il a signifié à
l'official d'Embrun ladᵉ citation. Embrun, 11 déc. 1413.

Copie de la bulle de Jean XXIII, *alias* Balthasar
Cossa, qui confirme le privilège d'Alexandre IV et
exempte Boscodon du payement des dîmes. St-
Antoine près de Florence, 4 sept. 1413 *(anno quarto)*.
— Requête adressée au pape [Martin V] par le chapitre d'Embrun, afin d'être maintenu en la jouissance des dîmes de Chadenas. Accordé. Constance,
25 janv. 1418 *(anno primo)*. — Copies (incomplètes)
de deux bulles de Martin V, maintenant le chapitre
d'Embrun dans l'usage de percevoir les dîmes de
Chadenas. Constance, 1er avril 1418.

Copie incomplète d'une bulle du pape Eugène IV,
qui délègue Michel Zacharie, bachelier ès décrets
et ès lois, vicaire et official de Gap, pour publier et
faire exécuter dans le diocèse d'Embrun les privilèges concédés à l'abbaye de Boscodon. Rome, *apud
Stum Spiritum*, 6 mai 1432. — Arrêt du parlement de
Dauphiné, au nom « de Françoys de Sainct-Marcel
d'Avanson, docteur ez droictz, prévost de Sainct-
André [de Grenoble], conseiller du Roy en sa court
de parlement de Daulphiné », qui condamne Laurent Chouard, Martin *Prioris*, Laurent Reynaud,
Roch Mathey, Claude Godichard, Franç. Pont, Jacq.
Ayme, Jacq. Bompard, Jean Jacop, Pierre Marron,
Jacq. Blanc, Jean Garnier et Martin Odiffré, à payer
à l'abbaye de Boscodon les tasques ou soit-il la 9e
partie des fruits perçus dans le territoire de Chadenas. Grenoble, 27 juil. 1551 (cachet plaqué).

Long mémoire (in-4e de 54 feuillets) en faveur de
Boscodon et dans lequel se trouvent transcrites les
privilèges ou bulles d'Eugène III, du 6 nov. 1145
[fᵒ 46] et du 27 avril 1150 (fᵒ 12), d'Alexandre III, du
28 juil. 1179 (fᵒ 48), d'Innocent III, du 11 févr. 1198

[fᵒ 50], et de la donation à Boscodon, par Guillaume,
archevêque d'Embrun, légat du Saint-Siège, de la
vigne de Chadenas, objet du procès (fᵒ 47) ; ainsi
que divers mémoires sur cette affaire écrits ou
signés par Pierre *Vanniia(?) de Oesterbüit*, clerc du
diocèse *Lerdiensis* [1]). Bologne, 31 juil. 1414 (fᵒ 2 vᵒ) ;
par Jean *de Tomariis*, de Bologne, docteur ès décrets près le Saint-Siège pour les causes apostoliques (fᵒ 3), par Ant. d'Eymonet et Ant. Arnaud,
chanoines d'Embrun (fᵒ 8), et Barthél. Maurice, not.
Embrun, 23 août 1414 (fᵒ 8 vᵒ) ; la sentence arbitrale
de 1282-83 (fᵒ 14 vᵒ) ; la transaction entre le chapitre
d'Embrun et le monastère de Boscodon relative au
chemin public allant à Chadenas le 18 août 1332
(fᵒ 23 vᵒ) ; le tout vidimé à la cour de l'official d'Embrun en 1415. Tém. Monet d'Eymonet, d'Embrun,
Prioret *Bricii*, chapelain du Châtellar, dioc. d'Embrun, Albert Baile, de Briançon, clerc, Ant. Lantelme, de Vars, messager de ladᵉ cour de l'official,
n. Pierre Reynaud, d'Embrun, cosgr de Théus *(de
Tensio)*, Pierre Barthélemy, not. de la cour de l'official (fᵒ 28 vᵒ). Suivent les articles présentés: pour
Boscodon (fᵒ 31) ; pour le chapitre d'Embrun, par
devant le R. P. Jean *de Thomariis*, auditeur des
causes apostoliques (fᵒ 38), etc.

Autres mémoires en faveur de Boscodon (in 4e de
10 feuillets, par Domin. *de Sto Germano*, docteur en
décrets, *actu legens in studio Florentino* (fᵒ 2 vᵒ) ;
Jean *de Milis*, de Brescia, avocat consistorial (fᵒ 4) ;
Nicolas [*Tedeschi*], de Sicile (*abbatis de Cecilia*),
docteur de Bologne, *actu legens*, auditeur de la
Chambre apostolique, dit plus tard cardinal de
Palerme *(Panormitanus)*, etc. [2]) ; Jean *de Milis*, de
Brescia, avocat fiscal (fᵒ 8), etc. (vers 1445). — Mémoire pour Jean de Poligny *(de Polhinhiaco)*, abbé
de Boscodon, d'après lequel Pierre de Lune, dit
Benoît XIII, unit le monastère de Boscodon à
l'abbaye de St-Michel de La Cluse, diocèse de Turin,
et ce, après la mort de Grégoire XI († 27 mars 1378),
mais Jean XXIII, *alias* Balthasar Cossa, l'en a
exempté (sans date). — Citation à comparaître aux
religieux de Boscodon, en l'absence de l'abbé, de la
part d'Ant. d'Eymonet, chanoine, procureur de l'archevêque d'Embrun. Présents, Jean Blache, prieur
claustral de Boscodon ; Prioret *Bricii*, chapelain du

<hr>

[1]) Nom inconnu et non mentionné dans Mas-Latrie, Gams,
Ul. Chevalier.

[2]) Né à Catane en 1386/9, canoniste « lucerna juris », archevêque de Palerme, où † en juil. 1445 (Ul. Chevalier, *Répert.*,
col. 2153).

Châtelar, Jacq. *Macellarii*, chapelain, Ar. Marcellin *al. Gargani*, clerc, Jean Juvénis, donné de Boscodon, Franç. Beraud, Guil. de Barras, du Champsaur *(de Camposauro)*, et Ant. *de Sartorio*, frères dud. Boscodon ; Pierre Barthélemy, not. de Boscodon, 28 sept. 1414. — Articles de la procédure soumise à Jean *de Opizis*, auditeur des causes apostoliques, en faveur de l'abbaye de Boscodon (vers 1414). — Commandement de la part de l'official d'Embrun aux personnes mentionnées dans les requêtes de 1413, d'avoir à payer les dépens des procédures faites jusqu'à ce jour. Embrun, 15 oct. 1423. (Au dos :) Attestation par Ant. Bonabel, chapelain de l'église d'Embrun, d'avoir exécuté le commandement susdit (même date). — Bulle du Pape Eugène IV, en faveur de Boscodon, détruit deux fois par un incendie *(bina vice casuali ignis voragine miserabiliter destructione et desolatione…)*, prescrivant de prélever sur les legs pies 400 fl. d'or *de camera*, pour restaurer le monastère. Rome, près le St-Esprit, 6 mai 1432.

H. 12. (Liasse.) — 30 pièces, papier ; 4 pièces, parchemin.

1248-1588. — *Pièces de procédure relatives aux vignes de Chadenas* (suite). — Suivant les archives de Boscodon, « le terroir de Chadenas est du terroir d'Embrun », jusqu'au ruisseau de St-Pierre. — Le 28 déc. *(die tertia exeunte mensis decembris)* 1283, Pons Chabrier donna à Arnoux de Turriers *(de Turriis)*, abbé de Boscodon, une vigne sise au terroir d'Embrun, lieu dit *ad Capdenacium*. En 1267, Guil. de Verdun, damoiseau, vendit à Guil. *Gresoni*, moine de Boscodon, la moitié des tasques d'un champ sis à Chadenas, terroir d'Embrun. Autres actes semblables de 1278, 1258, 1248, 1268, 1260. En 1278, transaction entre Arnoux de Savine, chevalier, et Garnier, moine et syndic de Boscodon, au sujet des tasques que Guil. Arnoux *(Arnulphi)* réclamait à Boscodon pour des terres sises à Chadenas. En 1258, Pons de Savine, chevalier donna à Boscodon les tasques qu'il possédait au Puy-St-Eusèbe ; *Raibauda*, sa femme en fit autant (XVIIe sr). — Noms et surnoms des personnes qui payent « la neufviesme partie des fruictz » pour leurs propriétés « assisez au terroir de Chapdenas et mazes de icelluy, appellés *Las Plantas*, *Les Clotz*, *Le Cong*, et *de St-Pierre*… despuys le ruysseau dict et appellé *Merderel* au soleil levant, jusques au ruysseau de dellà Sainct-Pierre au couchant, et despuys le grand

chemin allant à Sainct-Jullian au pied et devers le midi jusques aux terres et biens de Estienne Ysnard, et jouxte les patègues, *cousteasses* ou *ribasses* du Grand-Puy à la teste et devers la bize », suivant déclaration de me Étienne Ardoyn, curé de La Roche, 90 ans ; Ét. Rappyn, 80 ans ; Vincent Blache, 64 ans ; Jean Salva, « courcayre », 50 ans ; Ét. Constans, du Puy-Sagnières, 60 ans ; Julien Borel, des Crottes, 80 ans ; Louis Leydon, procureur des anniversaires de la grande église d'Embrun (XVIe siècle).

État des titres divers de Boscodon établissant que Chadenas est du territoire d'Embrun : Reconnaissances générales du 25 sept. 1490 faites par Martin Arnoux, Vincent Giraud, Bardulfe Faure, Barthél. Mathieu, Jacq. Pellicier, Ant. Tourniaire *(Tornatoris)*, Franç. *de Sabvia*, Hugues Flandin, Claude Peyron, de *Calleyeria*, Pierre *Borrelli*, Esprit Salvat, et autres. En 1248, Bonafous, prêtre de St-Vincent vend une vigne et un champ, sis à Chadenas. En 1268, Guil. *Johannis* et Oliva, sa femme, vendent une terre *in Cogno Chapdenacii*, terroir d'Embrun. En 1265, Jacq. *Mungardini* confesse avoir reçu de Boscodon 19 l. pour deux vignes *in Chadenacio*. En 1273, Guil. Arnoux, de Savine, chevalier, donne à Boscodon les tasques de Chadenas. En 1258, Roux de Savine, chevalier, et *Raybauda*, sa femme, en font autant, etc. (XVIe siècle). — Extrait du cadastre d'Embrun, relatif aux tenanciers ou propriétaires à Chadenas : me Chaffrey Gendre, gippier, d'Embrun, Hellys, veuve de Chaffrey Berge, cordonnier, Ant. Rongon, Jean Blanc, fils de feu Paul, Pierre Marron, f. de feu Pierre, Ant. Berge, de Guillestre, Claude Gaudichard *alias Cotty*, la confrérie de Ste-Cécile d'Embrun, Roch Mathieu, f. de feu Ant., Jacq. *Aymo*, *alias de Blancho*, Vincent Savine, apothicaire, me Simon Lyons, couturier, et Sébastienne, mariés, Ant. Fache, Guil. Massot, me Esprit Bonnet, notaire, Laurent Thoard, bénéficier. « Ambruys Cortés ». Christophe Laugier, marchand, les procureurs de « la aulmousne de St-Ylloire », Laurent Reynaud, gippier, Mathieu Pons, prêtre, Jacq. Bonpar, « farrathier », Gaspar Chamoys, héritier de Daniel Chamoys, chanoine d'Embrun, et autres (XVIe siècle).

Attestation par Ét. Ardoyn, prêtre, notaire apostolique, à la requête de Gaspar *Helisii*, procureur de « Guys de Fengières », abbé de Boscodon, attestant qu'il est demeuré au service de feu Claude d'Arces, « alorz abbé dud. Biscoudon », pendant 26 ou 27 ans ; qu'un grand nombre de terres dépendant de la maison de *Chapdenas* sont situées « entre le ruysseau dit *Merderel* du levant et de la part de Embrun, et l'autre ruysseau appellé et dict le ruysseau de Sainct-Pierre et près de la église dud. Sainct Pierre au couchant », où il a perçu les taysses, à « rayson du nouvien ou nouviesme part des fruietz croissantz », de Claude et Jacq. Garin, Laurent Long, Jacq. Garnier, « fermier de Sainct-Pierre », Ant. Flandin, Ant. de Ollive, m° Michel Raymond, gippier, Françoise, veuve de Jacq. Sellon, Pierre *Folco*, *alias* Bert, Thomas Martin, notaire, la confrérie de Ste-Cécile, Ant. *Piero*, Christophe Chamoys, prêtre, Martin *Ramo*, Sébastien Vinard, *alias lo Veyrier*, Jacq. Menjard, Colin Bouteille, la confrérie ou cure de St-Vincent, Ét. Rapin, etc. (XVI° siècle). — Fragment d'une reconnaissance à l'abbé de Boscodon. Présents, Jean *Crecii*, secrétaire dud. abbé, Barthél. Ardoyn et Vincent Laurens, prêtres ; Gaspar *Helisii*, notaire, 6 nov. 1543.

Arrêt du parlement de Grenoble qui maintient Nicolas de La Croix, abbé de Boscodon, dans le droit d'exiger de Jean Raffin, Gaspar Chamoux et autres les tasques qu'ils lui doivent pour les immeubles de Chadenas. Grenoble, 14 août 1550. — Autre arrêt, au nom de « Françoys de Sainct-Marcel d'Avanson, docteur ez droictz, prévost de Saint-André ;de Grenoble], conseiller du Roy en sa court de parlement de Daulphiné », qui confirme le précédent. Grenoble, 27 juil. 1551 (Petit cachet armorié).

Pièces du procès intenté à l'abbé de Boscodon par Christophe, Jean et Henri Gras, frères, fermiers de Chadenas et de Coste-Aussel, « en cas d'ovalhie » occasionnée par la tempéte de l'année précédente, et ce, par-devant Balthasar Chabrand, professeur ès droits, lieutenant du vibailli d'Embrun, présents, Honoré Gontier de L'Ange, docteur ès droit, juge des châteaux archiépiscopaux, Claude Ollivier, procureur de l'abbé de Boscodon (1571). — Autorisation au nom de « François de Bourbon, prince daulphin d'Auvergne, gouverneur et lieutenant général pour le Roy en Daulphiné », à Jean Gras, fermier de Chadenas, de prendre du bois mort dans la forêt de Boscodon, avec défense « de toucher au bois debout à peyne de cent livres pour chascun arbre ». Grenoble, 8 oct. 1575. — Sommation de la part de Laurent Pons, fermier de Chadenas, à Albin Peyron, grand prieur de Boscodon, Guy Garcin, sacristain, Pierre Vivet, Silvestre Signoret et Victor Disdier, religieux dud. monastère, de retirer le vin qu'ils perçoivent habituellement à Chadenas, « où est à présent le grand chemin, estant les pontz rompus ». D'ailleurs,

les « gens de guerre ne les ont cuydé laisser vandanger, mengeant et leur obstant tous leurs vivres, et si ont falhi à respandre led. vin ». Ils prévoient « ung plus grand dangier, qu'est de l'ennemy » du côté de Chorges, etc. (sans date).

Bail à ferme par « Charles Balbian, de Nay-lès-Lion, comme procureur... de R^d Alphosse de Roussel, abbé de l'abbaye de Biscandons au balinige d'Ambrun », à Jean et Honoré Gras, frères, de Caléyères, des biens de Chadenas et Coste-Aussel, du pré Lauson, sis aux Crottes, avec faculté de couper 400 arbres dans la forêt de Boscodon, etc., pendant 4 ans, moyennant 260 setiers de vin rouge, 20 setiers de vin blanc, et autres clauses. Présents, Nicolas Gontier de L'Ange, juge des châteaux archiépiscopaux, Albin Peyron, grand prieur. Nicolas Flocard, chirurgien d'Embrun, Claude Pons, f. de feu Ant., de Caléyères ; Ollivier, not. Embrun, 12 juin 1584. — Commission donnée à « Claude Peyron, chamarier » de Boscodon, par Baptiste d'Espine, vic. g. de l'abbé, Albin Peyron, grand prieur, Guy Garcin, sacristain, Pierre Vivet et Victor Disdier, « claustriers de lad° abbaye », de recevoir de Jean Gras, fils de feu Franç., fermier de Chadenas, le vin qui est dû à l'abbaye. Chadenas, 26 nov. 1584. — Sommations à Laurent Pons, de Caléyères, fermier de Chadenas, par Guy Garcin, sacristain, Jean Gros, cellérier, Claude Peyron, camérier, Pierre Vivet, prieur de St-Maurice, Esprit Silvestre, docteur ès droits, Victor Disdier, Silvestre Signoret et Auguste de Clapier, religieux de Boscodon, de fournir le vin dû pour Chabanas, 5 et 17 nov. 1585.

Extrait, par Gaspar Laugier, not. d'Embrun, de la promesse faite à un « commis » de Lesdiguières, par 4 charpentiers d'Embrun de « desbastir quatre toneaulx estantz dans la *croto* de Chadenas » et de les « rebastir dans la maison des chanonges » à Embrun, moyennant 45 écus. Embrun, 16 mars 1588. — Extraits du cadastre du Puy du XVI° siècle, relatifs à des vignes, sises à Chadenas et appartenant à Claude David, d'Embrun, Jean Cellon, procureur au bailliage d'Embrun, Ant. Chastan, prêtre d'Embrun, Françoise des Imberts, et autres (sans date).

H. 13. (Liasse.) — 12 pièces ou cahiers, papier.

1501-1603. — Pièces diverses relatives au prieuré de Sélonnet, de Seyne, de la dépendance de l'abbaye de Boscodon, etc. — Compromis entre les chanoines d'Embrun et les religieux de Boscodon, au sujet des. dîmes de Sélonnet, à Seyne, maison de feu Jean Albert, not. Présents, dom Frédol *de Monte Valenti*, licencié ès droits, vic. g. de l'archevêque d'Embrun, Pierre Flotte, seigneur de *Jargeais*, Michel Richier, sgr de Montgardin, arbitres, Michel Savine, licencié ès droits, procureur de Guigues Alamond, protonotaire apostolique, prévôt, Pierre Savine, docteur ès décrets, sacriste, Pierre Garnier, Michel Sigaud et Monet de Rame, chanoines d'Embrun, prétendent percevoir 60 setiers de blé à Sélonnet, Claude d'Arces, abbé de Boscodon, assisté de Claude du Pignon, bachelier ès lois, revendique, pour lui, même droit, depuis la Côte du Noyer *(in Costa de Nocrio a capite)*, passant par *Serre Vinatier usque ad aquam Blanchie*. Les 29 et 30 juin 1501, présents Pierre Durand, chan. d'Embrun, curé de Seyne, et Pons de Quinciac, prieur de Sélonnet *(de Salono)*, André, abbé de l'Ile-Barbe, de qui ce prieuré dépend, et Pons Barras, chan. de Grasse, procureur de Pierre Durand, la dîme due au chapitre d'Embrun à Seyne est fixée à 90 setiers de blé et d'avoine, celle de Sélonnet, payable à l'abbaye de Boscodon, à 62 setiers, moitié blé, moitié avoine. Les limites de séparation sont : la cime de la montagne *La Genesto*, le lieu dit *Lavercho*, le chemin allant *ad bastidas Montisclari seu ad ipsum Montem Clarum*, la terre d'Isnard Rogon, appelée *Champ namblenchier*, le chemin allant au forest du Serre Vinatier à la bastide du sgr de Montclar, et le chemin allant de Seyne à Sélonnet, près des possessions de Blaise Baile, dites *A la Malaliero*, la *Comba Cameratorum*, la *Comba de Novarco* jusques *ad aquam Blanchie*. Tém. n. Claude de Briançon, baile, Jean *de Rosaco*, Martin *Fernetti*, notaire *castri de Salono*, Jacq. *de Rosaco*, Claude Albert, de Seyne, André *Terracii*, du Lauzel, Georges *Cortesii*, d'Embrun, Jean Beraud, not. de Seyne, 30 juin 1501. (Extr. le 25 nov. 1603, par Ant. Salva, not. d'Embrun, au requis d'Abel de Sautereau, abbé de Boscodon.)

Baux à ferme des biens de la camérerie de Boscodon, situées à Seyne : le 21 août 1545, Hugues Garcin, oncle et procureur de Denis Merle, camérier de Boscodon, afferma à Nicolas Jarente, évêque de Vence [1]), oncle et tuteur testamentaire de Louis Jarente, sgr de Montclar, les biens de la camérerie de Boscodon, sis à Seyne, pour 3 ans, au prix de 75 florins. — Le 6 sept. 1547, led. Hugues Garcin, au nom dud. Denis Merle, « jadis chamérier », et au nom de « m° Jaufroy Combes, professeur ez droictz, du diocèse de Grenoble, demeurant à Embrun, chanoine *(sic)* de lad° chamererie de Boscodon moderne » (1er sept. 1547), reçoit de « la n. Damoyselle Françoyse de Villeneufve, mère et tuteresse testamentaire » dud. n. Louis Jarente, pupille, sgr de Montclar, le payement de la 2e année de la ferme de Seyne. Tém. André André, not. de Seyne, et André Silve, fils de Pierre, de Sélonnet, « maistre au présent dud. sgr de Montclar » ; Jean Barneudy, de Seyne, not. et tabellion. — Le même jour (6 sept. 1547), bail à ferme, par Hugues Garcin, d'Embrun, « recteur de l'esglise parrochialle de *Les Theulles* », procureur de Geofroi Combes, camérier de Boscodon, aud. Louis de Jarente, écuyer, sgr de Montclar, pupille, représenté par Françoise de Villeneuve, sa mère et tutrice, des biens de la camérerie de Boscodon, sis à Seyne, pour 3 ans, au prix de 18 écus d'or sol, chacun de 45 sols. « Seyne, dedans la salle basse de la mayson de Pierre Chabot et ses frères, ont habité led. sgr de Montclar ».

Afflement par Pierre Polomieu, camérier de Boscodon, à Laurent Savournin, not. de Seyne, d'un marais sis à Seyne, « au faulxbourg appellé communément *La passa de Boscodons* », cfr. le pré de l'hôpital de Seyne au midi, le jardin de feu Pierre Chabot au nord, la maison dud. Laurent Savournin en tête et le ruisseau de l'Oratoire au pied, sous la pension annuelle de 6 liards tournois. Présents : Franç. de Malhes, sacristain, Mathieu Garcin, cellérier, Pierre Vivet, Isnard Rame, Restutin Borel, Victor Disdier et Jacq. d'Espine, religieux claustriers. Boscodon, dans la chapelle de St-Firmin ; Jacq. Gobaud, not. d'Embrun, 9 nov. 1559. (Extr. par Jean Gobaud des minutes de son père, 4 mars 1578.) 2 copies. — Reconnaissance par Et. Chabrier, f. de feu Jean, des Crottes, en son nom et au nom de son frère Guil., absent, et au requis de Pierre Polomieu. camérier de Boscodon, d'un domaine « appellé la *Muande des Ysards* au mas appellé *Champ Crubeyer* », cfr. le bois de Boscodon au couchant, sous la pension d'un setier de méteil et 2 liards de Roi. conformément à son contrat de mariage, par lequel led. domaine a été donné à sa femme pour dot. Présents : Albert de La Font, grand prieur, Baptiste de L'Espine, chantre, Mathieu Garcin, cellérier. led. Pierre *Polymieu*, camérier, Isnard Rame, Pierre Vivet et Restutin Borel, religieux. Boscodon. 31 déc. 1561. — Bail emphytéotique, par Baptiste de L'Es-

[1]) Nicolas de Jarente, successeur de Balthasar de Jarente (nommé en 1531, transféré à St-Flour, en 1541), † 12 oct. 1565. (Gams, p. 651).

pine, « prieur de Guians [d'Eyguians] et Ste-Croix, et chantre moderne de l'abaïe de Boscodons », frère de Jacq. de L'Espine, « chantre pour le passé de lad⁰ abaïe », à Oronce Bosc, des Crottes, d'un champ de la chantrerie, lieu dit *Les Merles* et *Champ la Draye*, sous la pension d'une émine d'avoine. Présents : Oronce Michel, grand prieur, Pierre Vivet, prieur de St-Maurice, Claude Peyron, camérier, Victor Disdier, André Fortoul, Auguste de Clapier, religieux. Tém. Roch Flandin, d'Embrun, et Ant. Balb, de Chalvet. Boscodon, chapelle de St-Firmin, 24 août 1578. — Bail à ferme par Claude Peyron, camérier de Boscodon, à Pierre André, f. de feu Franç., « massier de la ville de Seyne », de tous les droits lui appartenant à Seyne (suivant acte reçu par Claude Achard, de Seyne), pour 3 ans, au prix de 20 écus d'or sol, chaque année, 7 nov. 1583.

Transaction entre Claude Peyron, camérier de Boscodon et les consuls de Seyne, au sujet de sept pièces de terre que Boscodon possédait à Seyne, à St-Pons et dépendances, suivant actes du 6 févr. 1393 et 16 déc. 1396 (Louis et Ant. Mallin, notaires). 21 août 1364 (chambre des Comptes d'Aix). Led. camérier cède toutes les propriétés que Boscodon possède à Seyne et à St-Pons, sauf la terre échangée avec le sᵣ de Roussel et par lui vendue à feu Isaac Baile et Jean-Ant. Olivier, sous la cense et redevance annuelle de 18 écus, chacun de 60 sols, payable à la St-Michel. Présents : Albin Peyron, grand prieur, Guy Garcin, sacristain, Baptiste d'Espine, chantre et vicaire, Jean Gras, cellérier, J.-B. de L'Espine, prieur de St-Maurice, religieux ; n. Louis Margaillan, f. de feu mᵉ Sébastien, 1ᵉʳ consul ; Louis Bernard, f. de feu n. Louis, sᵣ de Villeron, capᵉ Charles Baile, f. de feu Angellin, et mᵉ Claude Achard, not. royal, de Seyne, procureur de la comᵗᵉ. Tém. Esprit Chaut, not. de St-Sauveur, et Charles Bruno, greffier. d'Embrun ; Ant. Salva, not. delphinal. Embrun, maison de l'archevéché, 9 mars 1602. — Extrait de la délibération de la ville de Seyne, du 17 mars 1602, tenue au sujet de la transaction précédente, au requis de Jos. Silvestre, camérier de Boscodon, par Jean Albrand, prieur de St-Maurice, archivaire de Boscodon le 12 janv. 1726 ¹). — Ratification de cette transaction par Abel de Sautereau,

¹) Au dos de la pièce : « Demande réservée aud. chapitre [de Boscodon ?] une terre échangée avec M. de Boscodon ; ensemble la pension de cinq charges bled et cinq charges avoine sur le grand dixme de ladᵉ ville que le chapitre d'Embrun doit à l'office de camérier ».

« docteur ez droictz, protonotaire du St-Siège apostolique, abbé de Biscoudouns, prieur de Moirenc et Miséré ». Tém. Albin Peyron, grand prieur de Boscodon, Balthasar de Verdun. Embrun, maison « de feu n. Reimond Reinand, prieur de Verdun », 12 oct. 1602.

II. 14. (Liasse.) — 30 pièces, papier ; 3 pièces, parchemin ;
1 sceau.

1546-1604. — Pièces de procédure pour l'abbé de Boscodon contre la comᵗᵉ des Crottes, concernant les pâturages de Morgon. — Requête au Parlement par Abel de Sautereau, abbé de Boscodon, en payement de 40 écus à lui dus par la comᵗᵉ des Crottes pour fermage de lad⁰ montagne (14 déc. 1601). — Quittance de 34 écus par Jacq. de Roussel, docteur ès droits, protonotaire apostolique, grand prieur de Boscodon, vic. g. de Nicolas de La Croix, abbé dud. monastère, à Ant. Cabrier, « pastre, baille et conducteur du bestail... de mᵉ Poncet de Heurre, commandeur et baillif de Manosque, et de Bertrand Blanc, pastre, baille et conducteur du bestail et aver de Urban *Vorldo* » et d'autres. Boscodon, salle du réfectoire, en présence de Gaspar d'Eymonet, d'Embrun, d'Ét. Bonenfant, du Lauzet, et Pierre Massot, régent des écoles ; Michel Bellot, not. delphinal, 25 août 1546. — Bail à ferme de « la grande montagne de Biscaudon », par Jean Peyrache, marchand des Mées, et Claude Moret, not. de Volone, fermiers du prieuré de St-Honoré de Paillerols, à Jacq. Paul, écuyer de Salon de Crau, cosgr de Lamanon, représenté par Honoré Ballier, berger de Salon, de la St-Jean à la St-Julien, pour 110 fl., 26 mai 1576. — Bail à ferme par Baptiste *Fisso*, de Casal en Montferrat, procureur d'Alphonse de Roussel, évêque de Ferrare, abbé de Boscodon et prieur de St-Honoré de *Patheroux*, terroir des Mées (acte du 27 nov. 1567), à Claude *Moreti*, not. de Volone, des montagnes de Boscodon, dites la Grande-Montagne et Morgon, pour 6 ans, au prix de 1.200 l. t. chaque année et autres clauses, 23 nov. 1575.

Procédure, par-devant Jean-Claude Audeyer, conseiller au parlement de Dauphiné, commissaire député, au sujet de « l'herbage d'une montagne appellée du *Tronchet*, située aux Crottes » etc., 24 avril 1602. — Inventaire des pièces produites à ce propos par devant J.-B. de Ponat, conseiller, commissaire délégué, 12 mars 1603. — Arrêt du Parlement, au nom de Charles de Bourbon, comte de Soissons, grand maître de France, gouverneur et lieutenant général en Dauphiné, prescrivant la production de nouvelles pièces dans l'affaire précédente. Grenoble, 26 mars 1603. — Monitoire obtenu par l'abbé de de Boscodon de Charles *de Comitibus*, évêque d'Ancône, vice-légat et gouverneur général du Comtat Venaissin contre les Réformés qui avaient envahi, pillé l'abbaye de Boscodon et volé « quantité de blé fromant, vin et argent, monnoyé et non monnoyé, comme aussy cloches, meubles de lad° maison, lettres authentiques, instrumans, tiltres décimaux et aultres escriptures et nottes, tant publiques que privées », etc. Avignon, 1er oct. 1603 (Sceau rond plaqué du vice-légat). Publié à Embrun le 16 juil. 1604. — Autorisation donnée par la Chambre des vacations de procéder à la fulmination dud. monitoire. Grenoble, 9 sept. 1604. — Inventaire des pièces produites par l'abbé de Boscodon contre la com¹º des Crottes : transaction de 1199; autres transactions de 1356 et de 1428; arrêts des années 1548, 1573, 1577, 1582 et 1583. Pendant l'instance, les consuls des Crottes « auroient battu et deschassé les pastres de Provence », à qui Boscodon avait loué la montagne de Morgon, 28 août 1604.

H. 15. (Liasse.) — 71 pièces, papier ; 4 pièces, parchemin.

1603-1609. — Pièces de procédure au sujet des différends entre l'abbé de Boscodon et la com¹º des Crottes, à propos des montagnes pastorales, des foréts, etc. (1603-6). — Requête au Parlement par Abel de Sautereau, abbé de Boscodon, prieur de St-Martin *de Miséré*, contre les consuls des Crottes qui ont affermé la montagne de Morgon, lui appartenant (1603). — Défense par le Parlement de troubler Boscodon en la possession des montagnes « de *La Toing, La Roussa, Falsalla et Tronchet*... à peine de trois mil livres d'amende et despens ». Grenoble, 12 juin 1603. — Procès-verbal, par-devant Laurent Cellon, not. d'Embrun, des dégâts commis par sept habitants des Crottes dans la forêt de Boscodon, « au-dessus la *Font de l'Ours* », où ils ont coupé plus de 60 pièces de bois, 22 juin 1605. — Bail à ferme, par les consuls des Crottes à Pierre Martin et Jean Saurin, de la montagne dite *Lou Lauserot*, pour un an, au prix de 108 l., 10 mars 1604. — Mémoires suivant lesquels : Boscodon a loué la Grande-Montagne pour un an, « moyennant la rante de 60 escus, ung chappeau de la valeur de deux escus et ung quintal,

tant en *seras* que fromage », dont rien n'a été payé, 15 oct. 1603 ; — les consuls des Crottes, s'étant rendus à la cabane des bergers de lad° montagne, ont exigé d'eux « 4 fromages et 2 *seracs*, disant que s'estoit leur Sainct-Jehan et droict qu'ilz avoient accoustumé de tout temps prendre et demander aux bergers arrantantz la Grande-Montagne ». 26 sept. 1604 ; — une sentence arbitrale ou transaction, de 1356, a réglé les difficultés et on doit s'y conformer (1607). — Compromis entre l'abbé de Boscodon et les consuls des Crottes : pour régler leurs différends ; ils désignent pour arbitres : Ennemond Moret et Honoré du Bonnet, docteur ès droits, avocats consistoriaux au Parlement, 29 juin 1607. — Sentence par lesd. arbitres : « les montagnes situées entre les deux ruisseaux de Bragous et l'Infernet », délimitées en 1356, appartiendront à Boscodon. Le bétail étranger ne pourra dépasser 65 trenteniers (1.950 bêtes), chaque année. Gap. 5 oct. 1607. — Observations sur la sentence précédente. 28 mars 1608. — Inventaire des pièces produites, 29 avril 1609, etc.

H. 16. (Liasse.) — 30 pièces, papier ; 2 pièces, parchemin.

1368-1631. — *Office de camérier de Boscodon.* — Pièces de procédure contre la com¹º de Rousset, au sujet d'une pension de 70 l. due aud. office. — Autorisation par les religieux de Boscodon à Ant. Albrand, chantre, et Giraud Peyron, camérier, d'aller retirer en Queyras le prix des biens vendus à la com¹º d'Arvieux et à Jacq. Marilan. du Château-Queyras, et provenant « du prioré de la Ste-Marie-Magdelleine des *Scoyères* » (Salva et Dalmas, not.). Présents : Jean Beraud, grand prieur, Ant. Jame, sacristain et vic. g., Ant. Albrand, chantre, Charles de La Robinière, cellérier, Giraud Peyron, camérier, Pierre Besson, Jacq. Imbert, prieur de St-Maurice, Ant. Sigaud, Ambroise Bernard, Bernard de Gérard, Guy Gras, religieux. Boscodon, 7 janv. 1622. — Commandements à divers habitants du « mas du *Drouêtes*, paroisse des Crottes », de payer ce qu'ils doivent au camérier de Boscodon, 12 juil. 1627 et 20 janv. 1628. — Mémoires sur cette question, présentés à « Pierre de La Baulme, conseiller du Roy en la cour de parlement de ce pays de Daulphiné et commissaire en ceste partie députté », par Giraud Peyron, camérier de Boscodon (1627-28). — Extraits « d'un grand cayer de recognoissances, couvert de parchemin et rellié », par le not. Garnier : « Las Crottes et son territorii. *Primo, Lo Plan las Crottes...*

au Draucells des Crottes, Jean Humbert, filz de Guilhem, folio trèze, *debet* huit cestiers de bla... *Magistri Lanthelmus Reymondi, notarii Ebreduni, recepit istas recognitiones et durant de isto follio usque ad follio 9341.* S'en suit les terres appartenantz au vénérable monastier de l'abbaye de Boscoudon, etc... *Recognitiones presentæ recipit magistrum Petrum Medici, notarium de Ebreduni, sub anno Domini 1368...* Jean Humbert, filz de Guilhem, de Las Crotes, hum champ poùsa au teroyr de Las Crotes au *loci* où se dit *En Raffachard*, juste lou champ de Jean et Pontz Ysnard, fraires, et jouxte lou champ de Peyre Maurel, lou béal en myey, per loqual fay de bla meytayer de froment et d'annone, videlicet un cestier de bla et un denier vicnès antien. Tenet Peyre Boupar. Item plus, un champ, qu'antiénement foguet de Peyre et de Jame Ga[r]sen, poùsa au teroyr de Las Crotes, au lieu où se dit *Au Droucells*, jouxte la vie que vay vers la montaigne et jouxte la combe, jouxta lou champ de bonne moulhier que fougé de Guilheaume Maurel, et jouxte lou champ de Bruni Brun, per loqual fay de bla meytalier de froment et d'annone huit cestiers de bla. Tenet led. Peyre Boupar... Rettiré lesd. recognoissances par frère Charles de La Robinière, cellérier de lad⁰ abbaye, et lad⁰ comission, par m⁰ Guigues Peyron, notaire royal, frère dud. s⁰ chamarier » (30 août 1627). — Extraits d'autres reconnaissances à Boscodon par les « pariers de Villar-Robert et autres » : André Vacher, le 19 févr. 1491 (à Noël), indict. 9⁰, au requis de Claude d'Arces *(de Arcis)*, abbé de Boscodon, reconnaît tenir aux Crottes, lieu dit *al Droucells*, un pré, cfr. celui de nobles Martin et Louis de La Villette au midi, celui de Pierre Vacher, vers Baratier, etc.; Pierre et Claude Vacher, des Crottes, près *al Droucells*, sous la redevance de la 12⁰ partie d'une émine de blé. *Actum in territorio Crottarum in Drocelho* ; Chrétien Gendre *(Generis)*, le 20 févr. 1491, un domaine *loco dicto in Drocelho*, etc. (30 août 1627). — Mémoires, requêtes, citations, etc. (1631).

H. 17. (Liasse.) — 62 pièces ou cahiers, papier ; 5 pièces, parchemin ; 1 sceau.

1576-1642. — Pièces de procédure relatives aux procès entre Boscodon et les Crottes, surtout au sujet de la montagne de Morgon. — Commission par le Parlement au vibailli d'Embrun pour procéder à la vente d'une partie des bois de Boscodon « au profit de m⁰ Claude Olivier, suivant l'enchère qu'il en auroit ci-devant faite ». Grenoble, 5 avril 1576. — Proclamation de lad⁰ vente. Tém. Ant. De Ville et Claude Disdier, bourgeois. Guillestre, 30 avril 1576. — Baux à ferme de la montagne de Morgon par Jos. Croz, s⁰ de Montlaur, et Jacq. Magnan, écuyer, des Mées, fermiers de Paillerols, à Honoré Maurel, baile de n. Alex. de Damiens, sgr du Vernègues en Provence, pour un an, au prix de 50 écus, 2 avril 1581 (Extr. du 27 févr. 1602, avec *visa* de Bernardin Laurens, lieutenant du juge des Mées, petit sceau plaqué); — par les syndics du mandement de Savine, aud. Honoré Maurel, de la portion de Morgon qui leur appartient, pour un an, au prix de 12 écus. La Chapelle de Savine, 24 juin 1584; — par Abel de Sautereau, abbé de Boscodon, à El. Bellon, d'Embrun, pour un an, au prix de 80 écus, 13 avril 1602. — Rapport d'experts sur le nombre de moutons que Boscodon peut faire paître sur la Grande-Montagne, en suite de l'arrêt du Parlement du 9 mars 1610. Ce nombre est fixé à 80 trenteniers (2.400 moutons), 1⁰ʳ juil. 1611.

Documents relatifs à la montagne de La Rousse, non comprise dans l'arrêt du 9 mars 1610. — Citation à comparaître devant la Cour, signifiée aux consuls des Crottes, 27 août 1611. — Mémoires relatifs à cette nouvelle affaire (1611). — Information contre Guil. Fortoul, Sébastien Bernard, dit *Cabanon*, Bernard Roux-*Chaffard*, Charles Fortoul et autres habitants des Crottes ; ils sont accusés d'avoir coupé du bois à Boscodon, 22 janv. 1611. — Requête au Parlement « concernant un attentat à la forêt [de Boscodon] commis, par ordre du sgr des Crottes », par Guil. Besson, dud. lieu, 15 mai 1614. — Commission par le Parlement de vérifier les limites de la montagne de Morgon. Grenoble, 31 août 1620. — Requêtes au juge des Crottes par l'abbé de Boscodon : afin de faire séquestrer les bois de Mirmande et de Boyssière (31 janv. 1627) ; — afin de procéder à la reconnaissance des bois usurpés par les gens des Crottes (13 nov. 1628). — Information contre les gens des Crottes, qui, par violence, avaient conduit leurs troupeaux sur les montagnes de Boscodon, 11-15 juin 1627. — Arrêts de la Cour: qui limite le nombre de bêtes à laine que les habitants des Crottes peuvent faire paître sur la Grande-Montagne, sur le pied fixé par l'arrêt de 1610. Grenoble, 23 mars 1628 ; — qui fixe à 5 ou 6 le nombre de chèvres qui peuvent se trouver dans la montagne de *Clot-Joubert*, 15 juin 1628. — Autorisation par le Parlement, sur requête, à l'abbé de Boscodon de faire couper du bois dans la forêt voisine de l'abbaye, 19 mai 1632. — Signification, de la part de Charles de La Robinière, cellérier de Boscodon, à Esprit de Levézie, avocat et procureur du Roi à Embrun, de mettre en liberté Pierre Foulque, des Crottes, chargé de faire transporter par radeaux, du « port de *Chanteruine* », lieu dit des Crottes, à Remolon et à Paillerols, les bois qui y étaient nécessaires, 26 avril 1631. — Commission par le vibailli d'Embrun, pour informer contre divers particuliers des Crottes, qui voulaient empêcher les bergers de Provence, fermiers des montagnes de Boscodon, de passer sur le terrain des Crottes, malgré la décision de l'arrêt du 22 août 1636. Embrun, 21 juin 1638. — Injonction par Hugues Émé, vicaire général de l'archevêque d'Embrun, au curé des Crottes d'avoir à publier la commission susd⁰ de la Cour. Embrun, 22 juin 1641. — Attestation par Esprit Pellissier, docteur en théologie, curé des Crottes, certifiant avoir fait lad⁰ publication « à l'issue de nostre messe parrochialle ». Les Crottes, 23 juin 1641. — Plaintes des bergers de Provence « qui ont fait dépaistre une *beilie*, l'esté présent, sur les montagnes de Morgon, la Grande-Montagne et Lauzerot ». Pendant leur « séjour et à leur desport, sont estés maltraités par les particuliers des Crottes,... passant sur la Grande-Montagne de Mons, l'abé de Sautereau... Partant, avec un tropeau de moutons, de la montagne du Lauzerot, pour se retirer sur lad⁰ Grande-Montagne, un des consulz et deux champiers dud. Crottes, sont esté là pour les empêcher aud. passage et pour les gaiger : auxquels, pour esviter que leur bestail ne feust traduit aud. Crottes, ont donné 24 souls et un fromage... La junesse dud. Crottes sont alés, un jour de dimanche, sur la Grande-Montagne, avec le tambour *et le drapeau déployé* ¹); lesquelz, après avoir mangé de leur pain et de leur fruict, ilz vouloient chacun un fromage et un *ceras;* mais les bergers en ayant rien volu faire, les ont prié de se contanter de deux fromages, lesquelz après les avoir prins, se sont retirés », etc., 5 sept. 1642.

H. 18. (Liasse.) — 41 pièces, papier; 3 pièces, parchemin; 2 sceaux.

1607-1648. — Pièces de procédure. — Lettres de chancellerie, au nom de « Charles de Bourbon, comte de Soissons, grand maistre de France, gouverneur et lieutenant général pour le Roy, mon seigneur, en Dauphiné », en suite d'une requête d'Abel de Sautereau, abbé de Boscodon, et de ses religieux, les autorisant à revendiquer les biens usurpés ou enlevés au temps passé, l'abbaye de Boscodon ayant été « régie et conduite, durant ung fort longtemps par des estrangiers itàlliens » ; ses titres ayant été dérobés « tant en la prinse d'Ambrun que lorsque Abbaye fust bruslée par ceux de la R. P. R., comme c'est chose notoyre », ses biens ayant été usurpés « dès l'an 1560 en çà », de sorte que « ou pour le malheur des temps, ou par la négligence de leursd. prédécesseurs ou par la faillite et connivance de leurs ageantz et négociateurs en ce pays », les religieux de Boscodon sont « privés de la pluspart des fondz, droictz et revenus deppandantz de lad⁰ abbaye ». Grenoble, 2 janv. 1607 (fragment de sceau pendant sur simple queue). — Requête au juge ordinaire des Crottes par Charles de La Robinière, cellérier de Boscodon, afin de revendiquer partie du *Pré La Croix*, usurpé par divers habitants des Crottes : Claude Tholozan, f. de feu Jean, dit *Scarrabin*, Ét. et Louis Besson, frères, Jean Tholozan, le vieux, f. de feu Ant., Claude Tholozan, dit *le Baile*, Hugues Imbert, Guil. Gendre, Claude Bosc, Louis Albrand et autres (1624-27). — Enquête, par devant Honoré de Lange, avocat, présent Jacq. Rispand, notaire : le 10 déc. 1626, Raymond Vacher, fils de feu André, baile, 72 ans », dit scavoir que les religieux de l'abbéye de *Boscondons* feurent contraintz par l'injure des troubles et percéqution de ceux de la R. P. R., d'absanter et abandonner leur abbéye par plusieurs années, et que lad⁰ abbéye de Boscodons feust brûlée par ceux de lad⁰ Religion » ; Claude Borel, f. de feu Pierre, 70 ans, laboureur ; Barnabé Besson, f. de feu Ant., 64 ans ; Michel Gendre, f. de feu Claude, 60 ans : Jean Chaulier, f. de feu Pierre, 50 ans, ménager : Guil. Gendre. f. de feu Jean, 40 ans, id., tous des Crottes ; Victor Breissieu, f. de feu Guil., d'Embrun, 62 ans : Nicolas Blanc, f. de feu Ét., 73 ans, de l'Adroit d'Embrun : Arnaud Liotard, f. de Claude, 45 ans, d'Embrun, praticien, et autres font de semblables dépositions (19 janvier 1627). — Déclarations faites au requis de Giraud Peyron, camérier de Boscodon, par-devant Pierre Garcin, not. d'Embrun, par Ant. Imbert, f. de feu Claude, Jacq. Besson, f. de feu Mathieu, Julien Rencurel et autres habitants des Crottes, au sujet de terres qu'ils détiennent. 18 août 1627. — Requêtes,

¹) Les mots en italique sont rayés.

citations, mémoires : contre les « hoirs de Claude Besson, des Crottes », au requis de Charles de La Robinière, cellérier de Boscodon (1628-29) ; — contre Pierre Rencurel, au requis de Claude Peyron, camérier dud. Boscodon. Citation à comparaître donnée aud. Rencurel, au nom de « Oronce Disdier, licencié ez droictz, juge ordinaire du sr prévost, coseigneur des Crottes », 25 juil. 1577. « Scellé le 29 juil. 1577 » par de Levézie (cachel plaqué). — Autre citation du 11 juil. 1579. — Idem à Honoré Bernard, f. de feu Él., au requis d'Ant. Imbert, f. de feu Claude, 13 mai 1625, etc.

Requête au Parlement par « n. Guil. de Sautereau. sgr de Chasses, consr du Roy en ceste Cour, en qualité de père et légitime administrateur de n. Franç. de Sautereau, abbé de Boscodon », en revendication de plusieurs propriétés, sises aux Crottes, « appartenant à lade abbéye, appellés : *Pré Clappier, La Donno, Pré Puidmont, pré Crozet* et aultres, desquelles les particuliers desd. Crottes, qui confrontent lesd. terres, en ont usurpé grande partie, se prévallant du temps des guerres civiles et aultres incommodités qui avoient fait absanter les sieurs abbés, leurs vicaires et religieux de lade abbaye durant plusieurs années ». Abel de Sautereau, en 1626, fit donner plusieurs assignations. « Depuis lequel temps, tant à cause du passage des gens de guerre que du décès arrivé dud. sgr abbé et aultres empeschementz, rien n'a esté fait en lade procédure », etc. 18 janv. 1647. — Ordres de citer à comparaitre en Parlement aux « hoirs de André Albrand, hoirs de Marc Bosc. hoirs de Jacq. Bosc, Michel Albrand, Jacq. Albrand le mineur, Jacq. et Est. Fabres, du lieu des Crottes ». Grenoble, 13 mars 1647 ; — à Mathieu Albrand, Jacq. Imbert, Ét. Fabre, Pierre Besson, Chaffrey Chabrier, Pierre et Claude Fulcon, tous du « masage de La Montagne » des Crottes. 4 avril 1647 ; — aux hoirs de Jean Rencurel, 23 juil. 1647 ; — à Ét. Fabre. f. de Jean, Mathieu Albrand, Claude Falquin, Mathieu Imbert, f. de feu Franç., Pierre Besson, f. de feu Louis, Chaffrey Chabrier et autres, 16 août 1647. — Cessions à l'abbaye de Boscodon : par Ét. Fabre, des Crottes, d'une terre au mas de *Pré Clappier*, 15 févr. 1648 ; — par Cathe Gendre et Honorat Courtés, mariés, id., 29 févr. 1648 ; — par Mathieu Albrand et Chaffrey Chabrier, des Crottes, 25 avril 1648 ; — par Michel Albrand, 29 déc. 1648, etc.

H. 19. (Liasse.) — 47 pièces, papier ; 9 pièces, parchemin.

1609-1652. — Pièces de procédure relatives à *Pré-Clapier*. — Ordonnance des vicaires généraux d'Embrun relative aux formalités de la vente de Pré-Clapier. 10 déc. 1609. — Décret du Parlement, sur requête d'Abel de Sautereau, ordonnant de se saisir de Guil. Besson, des Crottes, et de le conduire à Grenoble. 2 juin 1614. — Mise en vente de *Pré-Margot*, et adjudication dud. pré au sr Parandier, au prix de 14 écus 15 sols la saumée, 15 juin 1615. — Sommation de la part de Simon Parandier, à Arthur Brunenc, commis à la réception des deniers de l'aliénation en 1576, de lui livrer les fonds qu'il avait acquis, 14 juil. 1615. — Pièces diverses relatives à cette aliénation (1615). — Sommation de la part de Claude Imbert, dit *Garin*, de Savine, à Franç. Imbert et Jean Fabre, des Crottes, de se désaisir des terres de l'abbaye de Boscodon qu'ils avaient usurpées, 26 août 1624. — Commandement à Jacq. Fabre, f. de feu Él., et à Franç. Imbert, f. de feu Claude, de comparaitre sur les lieux litigieux, 14 nov. 1628. — Rachat du Pré Clapier par l'abbé de Boscodon au prix de 664 l., 20 mars 1640. — Requête au juge des Crottes par Guil. de Sautereau, sgr de Chasse, au nom de Franç. de Sautereau, son fils, abbé de Boscodon, afin d'être remis en possesion de divers terres usurpées, 22 oct. 1644. — Quittance de 664 l. en faveur de l'abbé de Boscocon, par J.-B. Gontier de L'Ange, juge des châteaux archiépiscopaux, J.-B. Jouve et Alex. Colomb, huissiers, pour le rachat de Pré-Clapier, 28 déc. 1646. — Assignation de témoins au sujet de ce rachat par « Jean Albrand, docteur ez droits, juge ordinaire du lieu des Crottes », 15 sept. 1647. — Citation à comparaitre en Parlement, à propos de cette affaire, à Ant. Bosc et Claude Tholozan, des Crottes, 7 sept. 1647. — Signification aux mêmes pour « vuider les fonds », 11 sept. 1648. — Notification à Franç. Bosc, f. de feu Ant., de l'arrêt rendu, le 14 août 1648, contre son père, à propos de Pré-Clapier et *La Draye*, 23 janv. 1651. — Ordonnance rendue par Jean Ème de Beauregard, docteur ès droits, avocat, juge ordinaire des Crottes, prescrivant d'informer contre Franç. et Claude Bosc, f. de feu Ant., à la requête d'Ambroise Bernard, religieux de Boscodon, 3 août 1651. — Nomination d'experts, 5 déc. 1651. — Citation à comparaitre devant le Parlement à Claude Bosc. Grenoble, 14 mars 1652, etc.

H. 20. (Liasse.) — 13 pièces, papier.

1028-1654. — Copies de l'acte de donation à l'abbaye de St-Michel de La Cluse et à Benoît, son abbé, des *villæ* de Prunières et de La Couche *(de Culca)*, par Bertrand, comte de Forcalquier et de Montfort, diocèse d'Embrun, du conseil d'*Alahaissie*, comtesse de Die, et ses frères Geofroi *(Gaufridi)* et Guillaume. *In ecclesia de Culca, coram altari Sti Michaelis*, 1028, indict. 10ᵉ ; — de la donation du lieu de Boscodon, par Jean Pons, Albert, Guil. et Pierre de Montmirail *(de Monte Mirato)*, les fils de Pierre Adam, de terres voisines du Colombier *(Columber)*, jusqu'à l'Infernel, 1130, *luna seunda ;* — idem, par Albert, Guil. et Pierre de Montmirail, et les fils de Pierre Adam, 1132 ; — idem par Pons, Albert et Guil. de Montmirail, 12 des calendes d'avril (21 mars) 1142 (Extr. au requis d'Ant. Silvestre, grand prieur de Boscodon, par le not. Allemand. Embrun, 17 déc. 1777). — Notes relatives aux achats des prés de la Grande-Montagne, *Tronchet, Faissale, Atoin, Pralong, pré de Thuille :* Confirmation à Boscodon par Trinquier, de Savine, des terres *en Tronchet* et *en Fessalaa*. Tém. Guil., prieur, Rostain, moine, Pons, prêtre de *Las Crotas ;* — vente par Raymond Audin et sa femme Raymonde de la montagne *(alpis)* dite *Fessalaa*, pour 260 sous valentinois, 10 brebis, 5 agneaux, 1 bélier et 1 chien. Tém. l'abbé Guigues ; — vente de Pra Long par Pierre *Jucii*, Giraud *Massoti* et Lagier, des Crottes, pour 48, 34 et 19 sols ; — idem, du pré *del Tuire*, par Giraud Albrand ; — idem, de Pré-Rond et de la moitié de la terre de Champ-Long, par Pétronille Estornel, en présence de Guillaume, archevêque d'Embrun ; — idem, de partie de Naton *(Énatoi)*, par Arnaud *Aloers, de Las Crotas*, pour 12 sols. Présents. Guil., prieur, de Bernard Lautard, de Chorges *(de Caorgas)*, etc. (s. d.).

Extraits de divers actes de donation ou de vente à Boscodon, par: Humbert et sa mère (s. d.) ; — Guil. de Montmirail et ses héritiers, Tringuier, de Savine, et autres ; — Giraud *Alamanni* et Hugues *Romani ;* — Guil. de Montmirail ; — Guil. Ilier *(Ilherii)*, etc. (Extr. au requis d'Ant. Silvestre, du « Livre carré en parchemin », le 13 avril 1750). — Notes relatives à Morgon : 1172, achat « de la moitié occidentale de Morgon » ; 1225, idem de « l'autre moitié de Morgon » ; 1242, sentence arbitrale par l'archevêque d'Embrun sur les troubles causés à Boscodon par Pontis ; 1247, idem « entre les bergers de Provence et hommes de Pontis » ; 1251, idem par l'évêque de Digne ; 1278, information sur l'étendue de Morgon ; 1317, vente de cette montagne à Juramy Isnard, de Seyne ; 1344, idem par les héritiers dud. Juramy ; 1465, reconnaissance par Boscodon ; 1489, idem ; 1473, bail à ferme ; 1546, idem ; 1613, sentence arbitrale contre Les Crottes ; 1640, procès, etc.

Extrait des actes du chapitre d'Embrun concernant Montmirail : 1428, 7 oct. Le mandement de Montmirail cfr. le torrent de Barnafred à l'occident et l'Infernet à l'orient ; Savine s'étend jusqu'à Combe d'Or, suivant acte du 1ᵉʳ nov. 1316 ; Villar-Robert paye les tasches à Boscodon et au commandeur de Malte (vers 1690). — Copies de divers actes : 1130, donation de Pons, Albert, Guil. et Pierre de Montmirail ; 1132, idem ; 1142, idem ; 1520, 23 août. Assemblée capitulaire des religieux de Boscodon. Présents, Gui de Feugères, abbé, Jacq. de Rousset, prieur claustral, Barthél. de Rousset, sacristain, Jérôme Mathieu, Claude de La Font, chantre, Claude *Betonii*, cellérier, Jean Rostan, Pierre Alard, recteur de La Bâtie-Neuve, Franç. de Belmont, recteur de La Couche, Ét. Roche, prieur de N.-D. *Ponte Rotundi*, Jean Chapoton, prieur de N.-D. de La Blache, Isnard Rame, Ant. d'Orsière, prieur de St-Marc, Ét. Charlot, moines ; 1551, 15 juil. Albergement des montagnes de Tronchet, Astoin, prés de Morgon. Présents, Albert de La Font, grand prieur, Franç. de Mailles, sacristain, Isnard de Rame, chantre, Jérôme Mathieu, cellérier, Barthél. de Rousset, camérier, Jean Rostan, Ét. Roche, prieur de N.-D. de Pont-Rond, Pierre Alard, recteur de La Bâtie-Neuve, Jean Chapoton, prieur de La Blache, et Ét. Charriot, religieux ; l'abbé Nicolas de La Croix, absent, représenté par Jean de La Croix, écuyer, son frère ; 1654, 16 nov. Albergement aux Crottes de la Grande-Montagne, La Rousse, La Chalauche, etc.

H. 21. (Liasse.) — 15 pièces, papier.

1565-1666. — *Mandement de Savine et abbaye de Boscodon.* — « Mémoire des arrantements de la montagne de Morgon passés par la communauté de Savine » : le 24 juin 1565, bail à ferme à Simon Roux de la montagne « appellée *La Lause*, cfr. en teste la montagne de l'abbaye de Boscodon, du levant Serre de Martin Jean, *aigue* pendant, au pied le rocher et bois dud. Savine » ; le 4 juin 1567, la même montagne de La Lause ; le 29 juin 1568, lad° montagne, cfr. « du midy montagne de l'abbaye de Boscodon, du couchant terroir de Pontis, du septentrion la roche et la plus haulte cime de Martin Jehan »; le 23 juin 1601, même montagne affermée à Barthél. Barberousse. cfr. « la plus haulte sime de Morgon, traversant droit à Baulme-Rousse et de là droict file sur Martin Jehan, et de Martin jusques aux Portes de Morgon, montagne de l'abbaye de Boscodon. La fontaine qui est dans la montagne de Morgon se nomme *Font Culeyère*, anciennement *Dorgo*. Le Barnafred prend sa source au pied de la *gippière* de Savine. Me Maurian Daultre, feu Pierre, de Savine, pourra tesmoigner des confronts », ainsi que Victor Valérian (vers 1620). — Procédure par-devant Ennemond Fustier, sr de La Rochelle, conseiller au Parlement, relative aux limites de Morgon, le 15 sept. 1620, à Savine. dans le logis de Gaspar Doutre, châtelain dud. lieu, au requis de mr Jassoud, procureur d'Abel de Sautereau. abbé de Boscodon et vic. g. de l'évêque de Grenoble, agissant contre la communauté des Crottes. dont Me Eynard est procureur. Le 22 sept., excursion « dans un vallon de préries, environné : du levant d'une montagne appellée *Serre de Martin Jehan*... et d'autre montagne appartenant à lad° abbaye appellée *La Chalenche* ;... des montagnes du Lauzet du midy, d'*Ubaies* et de Pontis du conchant, et du consté du septentrion, la communauté de *Sarynes* et eau pendant, toultes les quelles montagnes led. Jassoud nous a dict debvoir servir de limittes à lad° montagne de Morgon ». Au milieu des prairies. un ruisseau dit *Canal du Laur* « venant de la montagne du Lauzet du midi, tirant droit au septentrion du consté de Savynes ». Ce ruisseau « s'appelle, au-dessoubz le roc, *le Pichas* », d'après Gaspar Doutre, châtelain. 84 ans. Déposition semblable par « Restulin Imbert, de Savynes », 60 ans : Mult ieu Palmon, 60 ans ; Blaise Laurens, laboureur, 70 ans ; Florent Doultre, 70 ans, et autres. Au lieu dit *Les Portes de Morgon*, y a un détroit, au milieu de deux rochers copés. avec un grand chemin au milieu, pour bestes. liées et non liées... n'y ayant point d'autre endroit plus aisé, ny plus commode pour aller à lad° montagne de Morgon... Le canal quy est dans le vallon soubz icelles (portes), y est le ruysseau appellé de *Barnafrey*, lequel prend sa source soubz lad° montagne de Morgon et androit de *La Gippière* de Savynes, au midy, et lesd. portes de Morgon sont au levant. servant d'entrée pour aller à lad° montagne de Morgon », etc. (25 sept. 1620). — Vérification des limites de Morgon par Jean Borel Lansel, citoyen d'Embrun, 47 ans, Jean Cellon,

procureur de lad° ville, 38 ans et Honoré Garnier, not. royal de Savine, 60 ans, nommés d'office par Fustier de La Rochelle, 25 sept. 1620.

Bail à ferme « des herbages ou pâturages de la partie de la montagne de Morgon appartenante au mandement de Savine, communément appelé la *Montaigne de La Lauze* », par Honorat Garnier, notaire, syndic du Bas de Savine, Claude Féroud, fondé de pouvoirs de Prunières, Puy-St-Eusèbe et St-Apollinaire. Ant. Rous-Belin, syndic de Réalon, à Barthél. *Barbo-Rous* et à Philippe Alègre, de Colmars, « bergiers de l'avérage de Morgon », pour l'année présente, au pris de 15 écus. Lad° montagne de La Lauze s'étend « despuys la plus haulte *sime* de Morgon, traverssant droyt à Balme-Rousse, et allant droyt [à] Serre Martin Jehan, traversent jusques à les Portes de Morgon et montagne de l'abaye de *Bisundons* en teste ». Fait et publié aud. Morgon, « dens la cabane », en présence de Guil. Le Blanc, notaire et châtelain d'Ancelle, et me Louis Allord, « de Terre-Neufve », 23 juin 1601. — « Instruction sur le différent du sr abbé de Boscaudons avec le mandement de Savine, touchant les limites de la montaigne de Morgon, appartenant aud. sr Abbé, et de celle de La Lauze, qui appartient aud. sr Abbé et de celle de La Lauze, qui appartient aud. mandement ». Celui-ci « soustient que lesd. limites sont : la première, une pointe fort eslevée et un peu au-dessus d'une grande roche. au milieu de laquelle y a une grande baume, que led. mandement dict estre appellée *Baume Rousse* ; que de cette pointe, ils descendent à lad° Baume-Rousse, et de lad° Baume à une croix gravée sur un rocher au plan de lad° montaigne de Morgon : de lad° croix, droict au sommet de Martin Jean, et dud. sommet aux Portes de Morgon ; et fonde led. mandement la vérité de ses limites sur un livre ancien. où sont escrits tous les documentz ». L'abbé de Boscodon dit que « les montaignes dont s'agist, de Morgon et de La Lauze, sont séparées par la pointe qu'est au dessus du *Mal Pas* et au-dessous du Pas de Morgon, et par trois croix gravées sur des rochers, distantes d'environ 300 par l'une de l'autre, qui vont *recta* de lad° pointe vis-à-vis au sommet de Martin-Jean » etc. (vers 1650). — Sommation de la part de l'abbé de Boscodon « aux sindics du mandement de Savine » d'avoir à produire leur expertz pour aller sur la montagne de Morgon », 28 juin 1665. — Procuration par Franç. de Sautereau, abbé de Boscodon, aumônier ordinaire du Roi, à Ant. Rivoyre, de Voreppe, habitant à Embrun, « pour la vériffication des limittes de la montaigne de Morgon, par lui albergée aux consulz et com^{té} du lieu des Crottes ». Grenoble, dans la maison dud. abbé, 15 sept. 1666.

H. 22. (Liasse.) — 25 pièces ou cahiers, papier ; 1 pièce, parchemin.

1577-1669. — *Prieuré de St-Denis de Chorges.* — Bail à ferme par Claude Peyron, fils de m^e Guigues, du Champsaur, camérier de Boscodon, à n. Louis et Joubert de Roussel, frères, fils de feu Aubert, sgrs de Roussel et Prunières, cosgrs du mandement de Savine, et à Julie d'Antibes, leur mère, d'un pré sis à Chorges, dit *St-Denis,* pour 8 ans, au prix de 123 fl. chaque année; Michel Peytieu, not. d'Embrun, 30 déc. 1577. — Sommation de la part de Laurent Bonnet, religieux et camérier de Boscodon, à Jean Lagier, de Chorges, de délaisser un champ dépendant du prieuré de St-Denis, appartenant à la camérerie de Boscodon, 13 juin 1669. — Pièces d'un procès intenté par Giraud Peyron, religieux et camérier de Boscodon, au seigneur de Roussel, pour l'obliger à lui rendre les biens sis à Chorges, au lieu de St-Denis, dont il s'était emparé. Ces biens « appartenants à la chapelle de la *Tour-St-Denis* », mentionnés au cadastre de Chorges de l'an 1512, font partie de la camérerie de Boscodon depuis 1520, comme le prouve le bail à ferme passé par Mathieu Garcin, camérier et prieur de St-Denis, de 1543, et par Ant. Richière, le 1er mars 1549 et le 25 janv. 1558; d'après ce dernier acte le fermier s'engage à « faire rabilher l'églize de la Tour de St-Denis et prendre ce qui sera [nécessaire] à la grange de *La Loze* » (24 juil. 1625). — Sentence arbitrale entre Giraud Peyron et noble Louis de Roussel au sujet du pré de La Tour. Led. Peyron payera 32 l. au s^r de Roussel, qui abandonne ses prétentions. Grenoble, 26 mars 1626. — Mémoires, requêtes à ce propos.

H. 23. (Liasse.) — 34 pièces ou cahiers, papier ; 5 pièces, parchemin.

1605-1690. — *Pièces de diverses procédures entre Boscodon et les Crottes.* — Sentence arbitrale « qui ordonne par provision qu'il sera fait deux portions de l'herbage des montagnes qui sont situées entre *Infernet* et *Bragous* », afin que chaque partie en jouisse par moitié cette année. Grenoble, 26 mars 1605. — Copie de l'arrêt du 9 mars 1610, au sujet des montagnes susdites entre l'Infernet et Bragous, établissant « le droit de Boscodon pour faire paitre depuis l'Infernet jusques au rochas Julien, qu'on nomme aujourd'huy *Serre Bouinière,* à cause qu'il sépare les terroirs des Crottes et Baratier ». « Dans la sentence de l'an 1234, il n'est pas dit qu'il soit permis aux habitans des Crottes de mettre leurs pourceaux dans la montagne en question. Dans cet arrêt, la Cour les a permis sur le vû de la sentence arbitrale de l'an 1222 » (17e siècle). — Mémoire en faveur de Boscodon, par Charles de La Robinière, procureur d'Abel de Sautereau, au sujet des pâturages de Bragous. Suivant les transactions de 1234 et 1405, les habitants des Crottes ne peuvent y couper du bois. Les lieux situés entre l'Infernet et Bragous sont « communément appelés la *Grande-Montagne* ». Le titre d'acquisition est de 1140, confirmé par arrêt de 1610, avec clause expresse que Boscodon possède « six prés situés en lad^e montagne, appelés : *Pré du Tioule, du Bachas, du Moine, Pré Rond, Pré Long* et *La Lindoulière* ». Le tout est de Boscodon « jusques à la source de Colombier inclusivement. De même les lieux dits *Les Prest* et *Terrassettes,* au delà du Colombier, sont de Boscodon, suivant acte de 1198 : « *Judicatum est pro capitulo Boscodoni terra a comba Girouard, usque ad Colomber et Milmanda* (que vous appellés autrement *Bouchière), pleno jure ad monachos pertinere.* De même par l'acte de 1234 : *A comba Girouard usque ad Colomber...* Depuis la Combe Girouard (que vous appellés de *Faurie,* par autre dénomination imposée), aboutissant à *La Pisce* et, plus haut, à *Font-Sèche,* ainsy continuant, à la croix qui souloit être ez montagnes des *Preits* ». Le ténement appelé *Costocel* est situé « au-delà du ruisseau de l'Infernet »; il est mentionné en 1140 : *terram quam habebam in loco qui dicitur Costocel,* etc., 17 nov. 1627. — Requéte par Boscodon contre divers habitants des Crottes qui fesaient des défrichements *(essarts)* dans les terres de l'abbaye, surtout à *Combe Girouard,* 8 mai 1632. — Quittances diverses par Charles de La Robinière, pour la ferme des montagnes de Boscodon : de 25 l., à Jacq. Maurel, religieux. 3 nov. 1651 : — de 150 l., à Ambroise Bernard, 5 juil. 1651. — Bail à ferme de la Grande-Montagne par J.-B. Jouve, de Savine, à Et. Constans, pour un an, au prix de 550 l., 8 nov. 1652.

Albergement par Guil. de Sautereau, sgr de Chasse, cons^r au Parlement, agissant au nom de l'abbé de Boscodon, à la communauté des Crottes, de la portion de la Grande-Montagne appelée *la Chalance*, au prix de 336 l.. 16 nov. 1651. — Nomination d'experts pour la vérification des limites de Morgon entre Boscodon et Savine, 17 juil. 1665. — Déclaration à ce propos de la part de l'abbé de Boscodon, id. — Décrets par le Parlement, sur requête de Franç. de Sautereau, abbé de Boscodon: pour obtenir de la com^té des Crottes le payement de l'albergement de la montagne de Morgon, 18 sept. 1666 : — pour faire établir des limites sur la montagne de Morgon. Grenoble, 15 sept. 1666. — Sommation de la part des habitants des Crottes au cellérier de Boscodon de recevoir 700 l. pour la ferme des montagnes de Morgon. La Chalanche et la Grande-Montagne, 20 juil. 1677. — Commandement à Michel de Sautereau, abbé de Boscodon, de la part des consuls des Crottes, de laisser ces derniers jouir des montagnes de l'abbaye. conformément aux transactions et à l'arrêt de 1610. Embrun, 16 févr. 1682. — Requête au bailli de Graisivaudan par l'abbé Michel de Sautereau, afin de pouvoir enlever 500 pieds d'arbres de sa forêt de Boscodon, 1er juil. 1684. — Bail à ferme par le mandement de Savine à Sébastien Bernard, cellérier de Boscodon, de sa part de la montagne de Morgon pour 33 l. chaque année, 27 mai 1687. — Défense aux communautés d'enlever le fumier des troupeaux qui paissent sur les montagnes de Boscodon, 3 juin 1688. — Requête au Parlement par les religieux de Boscodon, pour s'opposer à l'enlèvement des bois vendus par leur abbé, 17 juil. 1688. — État des cabanes des montagnes de Morgon et de La Grande-Montagne : elles sont presque entièrement découvertes, « n'ayant aucunes *air* (planches)... pour le service du laictage des bergers : les portes sont sans serrures ». Embrun, 29 oct. 1689. — Ordonnance du Parlement, sur requête de l'abbé Michel de Sautereau, enjoignant aux consuls des Crottes de payer la ferme des montagnes de Boscodon, 20 déc. 1690, etc.

H. 24. (Liasse.) — 13 pièces, papier ; 1 pièce parchemin.

1545-1720. — *Titres de propriété, etc.* — Requête au Parlement par Mathieu Garcin, cellérier de Boscodon, contre divers individus des Crottes, détenus en prison pour dégâts dans le pré dud. cellérier (26 sept. 1545). — Aliénation de 66 l. 33 s. de pension, sur la terre des *Faysses*, par Pierre d'Espine, chantre de Boscodon, somme remise à « Léonard de Perot, vicaire du s^t abbé de Boscodon, et m^e Guil-

hem Belle, prieur des Vigniaulx, commis à recevoir les deniers » des aliénations. Tém. Claude Laurens, prêtre, et Ant. Reymond, écuyer, Jacq. Gobaud, not. Embrun, maison de chanonge, 23 nov. 1565. — Consentement donné par les religieux de Boscodon à l'aliénation précédente. Présents: Franç. *de Malyou* (Malhes), sacristain, Baptiste d'Espine, prieur *de Giaues* (Eygnians), Pierre d'Espine, chantre, Restulin Borrel, Jacq. d'Espine, Pierre *Vincet*, Victor Disdier et Gui Garcin, religieux. Boscodon, 13 janv. 1566. — Acte de rachat de la terre des Faisses. Présents : Baptiste de L'Épine, prieur d'Eygnians, Ste-Croix, et chantre, Oronce Michel, grand prieur, Gui Garcin, sacristain, Pierre Vivel, prieur de St-Maurice, Claude Peyron, camérier, Victor Disdier, Auguste de Clapier, André Fortoul, religieux. Boscodon, chapelle de St-Firmin, 28 août 1578. — Actes divers relatifs à la réintégration, en faveur du chantre de Boscodon, de terres aliénées précédemment : 1578, 24 août. Réintégration par Ant. et Claude Bosc, frères, du *Champ La Draye*, moyennant 12 écus d'or sol ; — 1578, 26 juin. Id. par Jean Gras, « celleyrier à présent » de Boscodon, de *Champ Jallin*, confr. les « terres gastes de la com^té d'Embrun », moyennant 12 écus d'or sol. Notes relatives : au *Champ Geline* et autres, remis à Pierre Besson en 1608 (1615) ; — au *Pré la Ruyne*, dans la montagne des Crottes, afferrné à Ant. Fabre, Franç. Imbert et autres habitants des Crottes, par Charles de La Robinière, cellérier de Boscodon, le 8 mai 1623. — Acte de restitution à Boscodon par Jacques Fabre, d'une terre sise à *Pré Clapier*, qu'il avait usurpée, 2 janv. 1649. — Copie des lettres patentes, de Louis XIV, en faveur d'Abel de Sautereau, abbé de Boscodon. Paris, 10 déc. 1654. — Défense, par le juge royal de l'Embrunais, sur requête de Jean Berand, prieur claustral de Boscodon, aux habitants d'Embrun et des Crottes de couper des bois dans les forêts de Boscodon. Embrun, 9 nov. 1660. — Transaction entre Franç. de Sautereau, abbé de Boscodon, et ses religieux, au sujet « des places monacales ». Le nombre des religieux est fixé à douze, par règlement du 22 oct. 1644. A l'avenir, ils pourront résigner leurs bénéfices à d'autres religieux, comme bon leur semblera, 6 août 1674. — Bail emphytéotique des immeubles situés à *Beaurillar*, hameau des Crottes, par Ét. Brunenc, sacristain de Boscodon, à Jean Chevalier, marchand des Crottes, sous la pension annuelle de 10 sols, 21 févr. 1687. — Requête au juge ordinaire des Crottes par

Sébastien Bernard, cellérier de Boscodon, afin de pouvoir faire arroser le pré La Croix, malgré l'opposition de Mathieu Bosc, des Crottes, 3 août 1720.

H. 25. (Liasse.) — 22 pièces ou cahiers, papier ; 2 pièces, parchemin ; 1 sceau plaqué.

XVᵉ siècle–1727. — *Documents divers.* — Mémoire par O. Éme relatif à un tènement ou domaine dit de Belver *(de Bello Veser)*, acquis par l'abbé de Boscodon de Jean Tholozan *(Tolosani)* et de son fils Jean, au prix de 60 ducats d'or, mais sous la cense de 4 florins (XVᵉ siècle). — Vente par Claude d'Arces, abbé de Boscodon, Ét. Pellegrin, camérier, Claude *Betonis*, cellérier, Ant. Saunier, Jean Rostaing, prieur de N.-D. de La Blache, Pierre Alard, recteur de l'hôpital de La Bâtie-Neuve, Chaffrey *Truffelli*, prieur de St-Denis, Vincent d'Eymonet, prieur de St-Maurice, Jean Chappolon, prieur de St-Quenis *(Sti Quinicii)*, Jérôme Mathieu *(Mathey)* et Marcellin Marcellin, à Cosme *Centurioni*, marchand de Gênes, de 4 douzaines 1/2 d'arbres chaque année, durant 9 ans, au prix de 100 fl., chacun de 12 gros, par an, et autres clauses. Tém. n. Pierre *Marronis*, f. de feu Frédéric, d'Embrun, Chaffrey Marchis *(Marchisi)*, clerc de Ceillac, et André Garcin, menuisier d'Embrun ; Barthél. *Aymonis*, not. Boscodon, chapelle de St-Firmin, lieu ordinaire des assemblées capitulaires, 4 juin 1502. — Bail à ferme par n. Baudoin de Barras, écuyer, sgr de Mirabeau, dioc. de Gap, fermier des revenus de Paillerol *(de Palheyrosco)*, à Jean *Blanqui*, de Bouc *(de Boco)*, dioc. d'Arles, procureur et baile du sgr de Belmont *(de Bello Monte)*, de la montagne de Boscodon, pour la nourriture de 1.200 bêtes à laine *(pro quatringinta trentanariis averis menuti)*, depuis la St-Jean (24 juin), jusqu'à la St-Julien (13 sept.), au prix de 14 gros par chaque trentenier et à condition de partager les fromages, de prendre le sel à Seyne. Les Mées, 2 mai 1513. (Extr. des minutes de feu Ant. Pellissier, par Jean Geoffroy, not. et greffier des Mées, sur l'ordre du lieut. du juge royal des Mées, dont petit cachet plaqué sur cire rouge.) — Bail à ferme par Georges et Jean Peyrache, frères, marchands des Mées, et Claude Morel, not. de Volone, fermiers du prieuré de St-Honoré de Paillerols, à Henri Giraud et Franç. Avignon, marchands d'Arles, Marc Grimaud et Ét. Chauvet, leurs bailes-bergers, de « l'herbage de la Grande-Montagne dud. prieuré au terroir de Dauphiné, joignant le terroir des Crottes », pour un an,

au prix de 45 écus, chacun de 4 fl., « et un quintal de bon fromage ». Les Mées, 30 mars 1577.

Bail emphytéotique « par Baptiste de L'Espine », prieur de Ste-Croix et chantre de Boscodon, frère de Jacq. de L'Espine, ancien chantre dud. Boscodon, à Oronce Bosc, des Crottes, d'un champ appartenant à la chantrerie de Boscodon, dit *Champ de la Draye*, moyennant la cense annuelle d'une émine d'avoine à la Toussaint. Présents, Oronce Michel, grand prieur, Pierre Vivet, prieur de St-Maurice, Claude Peyron, camérier, Victor Disdier, André Fortoul, Auguste de Clapier, religieux. Tém. Roch Flandin, d'Embrun, Ant. Balbe, de Chalvet, G. Lagier, not. Boscodon, chapelle de St-Firmin, « lieu accoustumé à assembler le chapitre », 24 août 1578. — Cession par Cath⁰ Massot, veuve en 2ᵉˢ noces d'André Vachier, à Giraud Peiron, camérier de Boscodon, d'un tènement sis aux Crottes « au mas d'*Aqua d'Izard*, cfr. le torrent de Boscodon dit *Infernet*, le bois Stévenenc de bise, remis le 28 oct. 1590, par Jacq. Rencurel à la camérerie de Boscodon. Embrun, 2 juin 1637. — Conventions entre le conseiller de Sautereau, père de l'abbé de Boscodon, et Ambroise Bernard, religieux dud. Boscodon, en vue de racheter la terre dite *Pré Clapier*, vendue lors des aliénations ordonnées par le Roi aux sieurs de L'Ange, juge, Colomb et Jouve, au prix de 664 l. Led. Ambroise Bernard fera les avances de cette somme et « jouira deux années advenir du revenu du prieuré de St-Quinis ». Présents, Charles de La Robinière, cellérier et vic. g. de l'abbé, Eyraud, premier huissier au Parlement. Remolon, 9 nov. 1644. — Notes relatives à une transaction du 16 oct. 1428 au sujet de la délimitation de la montagne de Morgon entre Savine et Pontis, remise par mᵉ *Actueri*, not., et déposée à la chambre des Comptes de Dauphiné (17 mai 1645). — Procédure relative à la « vérification et mensuration du *Pré Clapier*, *Pré la Donne* et autres effets usurpés sur l'abbaye de Boscodon » (28 août 1646), par-devant Jean Éme de Beauregard, docteur ès droits, lieutenant du juge ordinaire des Crottes, à la requête d'Ant. Cellon, procureur de Franç. de Sautereau, abbé de Boscodon, fils de Guil., sgr de Chattes. Les Crottes, maison de Barthél. Barlatier, 6 sept. 1646 [1].

[1] Couvert d'un feuillet parchemin d'un antiphonaire en grandes lettres gothiques et plain chant sur portée de 4 lignes rouges, avec initiales rouges et bleues. Au verso de la 2ᵉ page : *O Marcelline, Xpisti venerande pontifex, magister veritatis, Marcelline dux, opifex, alumpnus sanctitatis.*

« Albergement des montagnes » de Boscodon, par Franç. de Sautereau, abbé de Boscodon, aux consuls des Crottes, savoir : des montagnes de Morgon, *La Rousse,* et *La Chalanche,* pour en jouir durant la vie dud. abbé, au prix de 336 l. par an. Présents, Jean Beraud, grand prieur, A. Jame, sacristain, P. Albrand, chantre, C. de La Robinière, G. Gras, camérier, A. Bernard, L. Silvestre, P. Besson, G. Rispaud, A. Fortoul, M. Bernard, châtelain des Crottes, et autres : Jacq. Gendre, not. des Crottes. Boscodon, maison abbatiale, 16 nov. 1654.
— Baux à ferme : par Franç. de Sautereau à Sébastien Bernard, cellérier de Boscodon, du tènement de Pré Clapier, sis en la montagne des Crottes, pour 8 ans, au prix de 81 livres chaque année. Tém. Ant. Lions, juge des Crottes, et Jean Mollin, d'Embrun ; Rispaud, not. Embrun, maison abbatiale, 27 nov. 1674 ; — par Michel de Sautereau, abbé de Boscodon, et Pierre Martin, syndic des religieux, à la comté des Crottes, des montagnes de Morgon, La Rousse et La Chalanche, pour 6 ans, au prix de 315 l. chaque année. Embrun, 27 sept. 1689. — Baux à ferme par Pierre Brunenc, sacristain de Boscodon et prieur de St-Maurice à Valserres, à Ant. Rolland, fils de feu Jean-Pierre, de Remolon, des biens dud. prieuré de St-Maurice, pour 8 ans, moyennant 66 livres et 2 charges de vin chaque année, et, comme les bâtiments dépendant dud. prieuré « sont tous démolis », Rolland s'engage à les relever dans deux ans « et le prix sera en diminution de lad. rante ». Tém. Jos. Brunet, curé de St-André, et Sébastien Michelon ; Rispaud, not. Embrun, 15 juin 1695 ; — par Étienne Brunenc, sacriste de Boscodon et prieur de St-Maurice, à Jos. Faure, châtelain, et Jean-Ant. Faure, f. de feu Barthél., de Valserres, des biens dud. prieuré, pour 10 ans, au prix de 55 l. 10 s. par an. 15 juil. 1699 ; — par Ant. Silvestre, chantre de Boscodon, à Michel Albrand, des Crottes, du Champ la Draye, pour 15 ans, moyennant la moitié de la récolte. Boscodon, 11 déc. 1700 ; — par Jos. Silvestre, grand prieur, à Pierre Martin, des Crottes, de la 6e partie de la dîme à percevoir au *Farel,* lieu dit de St-Sauveur, pour 4 ans, au prix de 5 l. par an. Boscodon, 24 juil. 1712 ; — par Jacq. Silvestre, syndic des religieux de Boscodon, à Jos. Laugier, baile de Provence, de la montagne de La Chalanche, pour l'année présente, moyennant 18 l. Boscodon, 3 juin 1719 ; — par le même, à Jean Segond, berger-baile de M. du Plan, pour une année, au prix de 24 l. Boscodon, 4 oct.

1723 : — id. à Charles Aubert, des Crottes, du fumier *(nison)* « que les brebis de Provence font sur la montagne de la Chalanche », pour 3 ans, au prix de 6 l. par an. Boscodon, 19 mars 1727 ; — par led. Jacq. Silvestre, grand prieur et syndic de Boscodon, à Jos. Tauzain, fils de feu Louis, des Crottes, du domaine de *Pra Crouzet,* aux Crottes, pour 8 ans et à moitié fruits. Embrun, 20 févr. 1727, etc.

H. 26. (Liasse.) — 15 pièces, papier ; 1 pièce, parchemin ; 2 cachets.

1516-1727. — *Documents divers.* — Copie de la sauvegarde et de la confirmation des privilèges de l'abbaye de Boscodon accordées par Henri IV en mai 1606. — Monitoire par le vice-légat d'Avignon au sujet de l'aumône générale qui se fait à Boscodon, à la Noël et autres fêtes, en « pain, vin, potage et chair, à toute personne y venant et se présentant », du lieu des Crottes ou de Montmirail. Avignon, 3 mars 1616 (à la Noël). Cachet plaqué.
« Catalogue des festes mobiles, qui, outre celles des patrons des lieux, seront célébrées » dans le diocèse d'Embrun : en janvier : 1, la Circoncision ; 6, l'Épiphanie ; 8, *S. Palladius,* archevêque d'Embrun : 17, S. Antoine ; 20, S. Fabien et S. Sébastien ; 30, SS. Vincent, Oronce et Victor. Février : 2, La Purification ; 24, S. Mathias, apôtre. Mars : 25, l'Annonciation. Avril : 20, S. Marcellin, premier archevêque d'Embrun ; 25, S. Marc, évangéliste. Mai : 6, S. Philippe et S. Jacques ; 3, l'Invention de la Ste-Croix. Juin : 24, La nativité de S. Jean-Baptiste : 26, S. Pierre et S. Paul. Juillet : 25, S. Jacques. Août : 10, S. Laurent ; 15, l'Assomption de N.-D. ; 24, S. Barthélemy. Septembre : 8, La Nativité de N.-D. ; 21, S. Mathieu ; 26, la dédicace de S. Michel, archange. Octobre : 4, S. François ; 18, S. Luc ; 28, S. Simon et S. Jude. Novembre : 1, Tous les Saints ; 11, S. Martin ; 30, St-André. Décembre : 8, la Conception de N.-D. ; 21, S. Thomas, apôtre ; 25, la Nativité de Notre Seigneur ; 26, S. Étienne ; 27, S. Jean, évangéliste (vers 1570).
Extrait des rôles des décimes de 1516, 1547 et 1561 : l'abbé de Boscodon et le prieur de Remolon doivent, pour une décime, 20 écus ; le prieur du St-Sépulcre, 2 ; le prieur claustral, 1 écu 12 sols ; le sacristain, 30 sols ; le cellérier 1 écu ; le recteur de La Couche, 36 sols ; le chantre, 1 écu (XVIIe siècle).
— Déclaration, par Michel de Sautereau, abbé de Boscodon, en exécution de l'édit de déc. 1691 et

arrêt du Conseil du 18 mars 1691, des revenus et charges de son abbaye. Elle possède à Embrun « un maison au-devant de l'Hôpital et de l'église parroissielle de St-Hylaire et Ste-Cécile », produisant 30 l., et un four, affermé 36 l. ; l'abbaye a « été entièrement brûlé... l'année dernière 1692, par les ennemys de l'État, où il n'est resté que l'église, sans couvert » ; auprès de l'abbaye, le *pré de l'Obre,* trois petits vergers, les champs de *Brouneyssar ;* domaine de *Costaussel* en vue de l'abbaye, affermé 172 l. (6 mars 1689, Rispaud, not.) ; en haut de la montagne, la grange de *Pré Clapier,* affermée 100 l. ; la forêt dite de Boscodon, « dont on ne tire aucune rente annuelle » ; la montagne pastorale de *Morgon* et *La Rousse,* affermée aux Crottes 315 l. dont 45 payées à Savine pour sa portion de montagne (21 févr. 1689, Rispaud, not.) ; domaine de *Chadenas,* territoire du Puy-Sagnières, produisant 468 l. environ ; maison à Remolon, dite *le Prieuré,* « au devant de l'église », vigne de *l'Armitane* à Remolon, et partie des dîmes de Théus et Remolon, 1.200 l. ; la dîme de Sélonnet en Provence, 300 l. ; domaine de Paillerols au diocèse de Riez, 3.000 l. Charges nombreuses : décimes dans le diocèse d'Embrun, 760 l. ; décimes extraordinaires, 162 l. 10 s. ; aux religieux, 400 l. ; à l'infirmerie, 150 ; au « chirurgien qui raze les religieux », 36 ; au « notaire secrétaire, qui reçoit les délibérations et actes » divers, 30 ; pour « faire foire le choufage des religieux, cuisine et four », 200 ; entretien de la fontaine, 20 ; id. du moulin, 30 ; aux pauvres, 50 ; ornements et entretien des églises de Remolon et de Théus, 60 ; au garde bois, 30 ; entretien de la cabane des bergers, 15 ; id. de l'horloge, 15. Il faut « faire faire un tabernacle tout à neuf, qui coûtera plus de 400 l. ; un tableau pour le maistre autel, qui doit estre fort grand, et deux pour deux chapelles », plus de 100 écus ; « il faut des ornements, chapes, chasubles, aubes, napes, chandeliers, encensoir ; le tout coûtera plus de 600 l. Il faut aussi achepter les livres de cœur, comme antifonaires, graduel, psautier, missels, martirologe : le tout ayant esté brulés et pillés ; ce coûtera plus de 300 l. » (Au dos :) Revenu, 2.469 l. Charges, 2.582 l. 10 s. Déficit 127 l. (1693).

Déclaration par Pierre Martin, chantre, syndic de Boscodon : il a affermé à Louis Toussan, des Crottes les fonds de *Trouchefaud,* incultes « depuis l'incursion des ennemis », pour 8 ans, au prix de 3 l. 12 par an, 24 juin 1697. Autres pièces relatives à ce domaine, sis au « mas de la Draye » (1702-11).

Mémoire d'après lequel, par arrêt de la Cour, n. Franç. de Sautereau, sgr de Chosse, héritier de Michel de Sautereau, son frère, abbé de Boscodon. a été condamné à 10.000 l. « pour être employées à la réédification de la maison abbatiale de Boscodon, de celle du domaine de Pré Clapier, de celle de cloîttrier et des cloîttres incendiés en l'année 1692, et aux réparations des aultres bastimans » et, de plus, à fournir les ornements de l'église de l'abbaye mentionnés dans l'acte de visite faite par le vicaire général de l'archevêque d'Embrun les 25 sept. et 9 oct. 1713, 24 avril 1714. Signé, Lambert (22 mai 1720). Visa par Gabriel Viala, vicaire général d'Embrun, des provisions de l'abbaye de Boscodon, obtennes en cour de Rome, par n. Victor-Amédée de La Font, clerc, le 5 des calendes d'août (28 juil.). Franç. Vinalier, secrétaire archiépiscopal. Embrun, 7 nov. 1712. (Beau sceau plaqué de l'archevêque Charles Brulard de Genlis). — Mémoire relatif à une rente de 45 l. sur la communauté de Romette, suivant transaction du 19 sept. 1629, et litigieuse entre l'abbaye de Boscodon et les sieurs de Champoléon. Paris, 25 sept. 1727.

H. 27. (Liasse.) — 14 pièces, papier ; 1 cahier, parchemin.

1600-1728. — *Documents divers.* — Pièces du procès de Boscodon contre la communauté des Crottes au sujet de la montagne de Morgon. — Baux à ferme, par les consuls des Crottes, à Jean Sabatier, Jean Bernard, Ant. d'Isnard et autres habitants d'Eyguières en Provence, et à Esprit Berbeyer, berger d'Arles, de la montagne des Crottes appelée *La Rousse* et des droits « qu'ilz ont à la montagne de Mourgon », durant un an, au prix de 18 écus « et ung mouton », 10 mars 1600, 29 juin 1602, 20 mai 1606, 19 mars 1607 et 3 juin 1610. — Mémoire pour l'abbaye de Boscodon, à qui la paisible possession de la montagne de Morgon fut adjugée par l'archevêque d'Embrun le 18 des calendes de mai (14 avril) 1252. En 1247, les habitants de Pontis ayant formé des entreprises sur lad° montagne, le juge de Digne et le baile de Seyne furent commis par le Sénéchal de Provence pour terminer le différend. En 1251, les religieux achètent la moitié de la montagne de Morgon, voisine de Boscodon. En 1308, Pontis renouvelle ses attaques et, en 1317, vend Morgon à Jurami Isnard, de Seyne. Le 18 juin 1344, les héritiers dud. Jurami Isnard vendent leurs droits sur la susd° montagne à l'abbaye de Boscodon, qui en passe reconnaissance à la Cour des Comptes de Provence le 15 oct. 1488. et, depuis, elle a joui paisiblement, ainsi qu'il résulte des actes d'arrentement de 1516, 1546, 1582, 1602, 1643. 1648 et 1654 Dans le bail à ferme du 10 oct. 1516. la montagne de Morgon est appelée « montagne clause », comme elle l'est effectivement. Durant plus d'un siècle, les « trois prédécesseurs » de l'abbé actuel « ont résidé dans la ville de Grenoble ou au lieu de *Paillierol* en Provence ». et, dans ces derniers temps, ils ont affermé la montagne de Morgon aux habitants des Crottes, qui. « par une prétantion imaginaire, veullent avoir acquis une possession dans lad* montagne de Morgon. et. à la faveur de lad* possession, prétandent s'approprier la moitié de lad* montagne qui est du colté du monastère de Boscodons », tandis qu'ils « n'ont jamais joui que comme fermiers des abbés de Boscodons » (vers 1700).

Bail à ferme de la « Grande-Montagne » des Crottes et ses dépendances. ainsi que la montagne dite *La Chalanche*, appartenant au chapitre de Boscodon. la montagne de Morgon, appartenant à l'abbé dud. Boscodon. et Martin-Jean. appartenant à la com^te des Crottes, à Franç. Florens et à Honoré Chavagnaz, bailes bergers d'Arles, pour 2 ans, au prix de 600 l. chaque année, outre « les droits et *pernice* accoutumés », et non compris les droits que le mandement de Savine peut avoir sur la montagne de Morgon. Sur lesd. 600 l., 185 seront payées à l'abbé de Boscodon (dont 18 pour le chapitre dud. Boscodon; et 45 l. au mandement de Savine. Le tout est approuvé par l'abbé de Savine, abbé de Boscodon, 17 oct. 1712. — Inventaire des pièces produites en Parlement par Victor-Amédée de La Font de Savine. abbé commendataire de Boscodon, contre la com^te des Crottes au sujet de la montagne de Morgon et en suite des arrêts du 9 mars 1610 et 23 mars 1628. D's lors, Boscodon a joui paisiblement de la montagne de Morgon et ses fermiers, « du *mizon* ou fumier de la Grande-Montagne »: mais en août 1720, « certains particuliers. au nombre de plus de 80 », ont enlevé violemment ce fumier au préjudice de l'abbé de Boscodon. De là procès (1er juin 1722). — Procès verbaux contre diverses personnes qui ont ramassé du fumier au jas de La Rousse et ailleurs. 12 et 14 août 1720, etc. — Arrêt du Parlement qui maintient l'abbé de Boscodon « au droit et faculté de prendre tout le fumier des bestiaux » qui paissent sur la montagne de Morgon. Grenoble, 31 mai 1723. — Extrait d'un arrêt du Parlement qui défend de tenir aucune assemblée sans l'autorisation du châtelain, et qui enjoint aux habitants des Crottes de s'assembler par-devant le châtelain le plus voisin, afin de procéder à l'élection des consuls, « le châtelain du lieu étant détenu aux prisons du Palais par décret du Parlement ». Grenoble, 16 févr. 1728.

« Mémoire concernant la montagne appellé *Martin Jean*, de Morgon, contre la com^te des Crottes ». Cette montagne « fait presque la moitié de la montagne nommée Morgon ». En 1172, « Rodulphe et Pierre *Eschot*, frères, vendirent à Boscodon la moitié de Morgon, à Guiz de Toraine, abbé,... pour 100 s. et un poulin cavalin ». En 1177, Giraud Albrand vend le pré du *Tuile*, sis à Morgon, pour 33 s. viennois, et Pétronille, fille de Guil. de Montmira, avec ses fils Pierre et Guil. Brunel, tous leurs droits sur Morgon, pour 60 s. valentinois. En 1178, Isoard de Baratier donne, entre autres choses, partie de Morgon, qu'il avait achetée de « nobles Bertrands, de Châteauroux, au prix de 300 s. », ce qu'il confirme par son testament en mai 1200. En 1225, Guil. de Pontis vend à Gui de L'Escale, abbé de Boscodon, tout ce qu'il avait à Morgon au prix de 5.000 sous et 10 livres, confessant que son père Guil. de Pontis l'avait déjà vendu à Guil. de Turriers (vers 1193-95) pour 105 livres. Dame Guérine, mère du vendeur, et sa fille Agnès, confirment le tout, présent l'archevêque d'Embrun. En 1242, l'archevêque Aymar, en suite de commission du pape Urbain IV, adjuge à Boscodon pleine possession de Morgon et absous les habitants de Pontis de l'excommunication encourue. En 1247, difficultés au sujet de la montagne de Morgon sise *juxta monasterium*, « qu'on a nommé depuis *Martin Jean* ». et le juge de Digne octroya « un huissier à Boscodon en forme de sauvegarde pour le garantir de nouvelle insulte », *qui portavit baculum curie*. En 1251, sentence arbitrale de l'évêque de Digne entre Boscodon et Pontis. Le 17 oct. 1278, procédure contre divers individus de Savine, où « Martin Jean est confronté par la terre et montagne du Lauzet, *c'est-à-dire La Rousse et la Grande-Montagne*). En 1283, informations, à la requête de Pierre de Corp, procureur de Boscodon, ensuite abbé, contre Savine et Prunières. En 1296, estimation des dégâts commis par Savine. En 1301, Hugues *Bocia*, cellérier. afferme la montagne de Morgon à Audin, des Crottes, Jean *Saurella*, not. En 1308, accord entre

---

1) D'autre écriture postérieure.

l'abbé Pierre *de Chaciny* et Guil. de Pontis, « pour le bien de la paix ». Le 26 sept. 1317, vente de Morgon par Pontis à Jurami Isnard, f. de feu Jean, de Seyne, pour 5.000 s. provençaux. En 1336, saisie à Morgon par Giraud Rostain de 80 bêtes aumailles du curé et habitants de Pontis. Le 13 juin 1344, l'abbé Geofroi *des Pennes* achète Morgon des hoirs de Juramy Isnard, pour 300 florins de Florence, Franç. Cluniac, de Viviers, not. En 1345, le lieutenant du Sénéchal de Provence revendique lad° montagne. Le 17 juil. 1346, à Naples, la reine Jeanne recommande de maintenir en paix l'abbaye de Boscodon : dès le 13 déc. 1344, Pierre de Rousset, prieur du St-Sépulcre, procureur de Boscodon, remet 100 fl. à Claude *Bastardi*, not. de Sélonnet, « en suite de l'achat de Morgon ». Le 9 sept. 1436, ratification dud. acte par l'abbé Pierre de St-Aguan, Jean Blache, prieur claustral, Jacq. Sauret, prieur de Ste-Croix, Michel Bertrand, sacriste et onze autres religieux. Le 14 août 1465, Jean Blache, prieur claustral et vic. g. de l'abbé Bernard d'Astarces (d'Astor), Ant. *de Bessolis*, prieur de St-Maurice, et autres huit religieux nomment Jean Blache pour passer reconnaissance, ce qui a lieu le 16 déc. suivant. Le 15 sept. 1472, l'abbé Jean de Beaumont, Pierre Bertony et onze autres religieux afferment à Pierre d'Eymonet *pré Lançon*, situé dans le Plan des Crottes et la montagne de Morgon, afin de subvenir aux frais en Cour de Rome de l'union à Boscodon du prieuré de Sélonnet, qui autrefois dépendait de l'Ile-Barbe. Le 15 oct. 1489, Claude d'Arces élu (mais non confirmé) archevêque d'Embrun, donne pouvoir de passer reconnaissance à Aix pour Morgon ; « il fut stipulé dessous la maison des Templiers, c'est-à-dire dans le mas encore appelé *Lou Templé*, sous le Bosq ». L'ancienne église de St-Ferréol formait une petite paroisse. La limite entre Les Crottes et Savine a été fixée à *Combe Aurée*, autrefois *Pont-Roix* ». En 1546-1583, l'abbé de Boscodon a affermé Morgon aux bergers de Provence, ce que Abel de Sautereau, abbé depuis 1599 a recommencé de faire en 1600, etc. « Le 7 juil. 1718 fut fait accès sur Morgon par les arbitres, s⁷ˢ avocat Garcin, Arduin, avec Allar, procureur d'Ambrun, et par les parties [de] Boscodon [et des] Crottes ».

H. 28. (Liasse.) — 15 pièces, papier.

1628-1729. — *Documents divers.* — Procès-verbal de délimitation de terres sises au mas des Aubins, à La Bâtie-Neuve, appartenant à l'hôpital dud. lieu,

dépendant de l'abbaye de Boscodon, et à cap° Pierre Chevalier, sieur du Pin. Présents, Ant. Jaune, sacristain de Boscodon, André Bertrand, consul de La Bâtie-Neuve, Jacq. Carle, f. de feu Guil., fermier dud. hôpital, Jean Gérard, f. de feu Claude, 3 oct. 1628. — Transaction entre Abel de Sautereau, abbé de Boscodon, et n. Charles de Martin, sgr de Champoléon, Montorcier, Veynes et autres places, au sujet d'une vigne de 18 fosserées, sise à Remolon, *à la Planta*, cfr. « les combes du levant et couchant, le gravier de Durance et verger dud. sgr de Champolléon du midi, le chemin public en teste, de la bize », sur laquelle l'abbé de Boscodon avait à prendre une pension de 45 l. 18 s. 9 d., constituée par la communauté de Romette le 2 févr. 1622 (Blanc, not. de Gap). Le s⁷ de Champoléon remet à l'abbé de Boscodon le capital de 918 l. Tém. Claude Vial, procureur aux cours de Gap, Ant. Sauva, procureur à Embrun, Pierre Enjuramy, not. de Théus ; Jean Tane, not. de Remolon. Boscodon, 19 sept. 1629 (Extr. par le not. Franç. Colomb, le 6 oct. 1729). — Mémoire relatif à la pension susd° (s. d.). — Provisions par Guil. d'Hugues, archevêque d'Embrun, du prieuré de St-Quenis, *alias* de St-Genis, sis au lieu de Pontis, résigné par Ambroise Bernard, religieux de Boscodon, en faveur de Gui Gras, du même monastère. Embrun, 15 nov. 1610. — « Refus de la part du sgr de Genlis, archevêque d'Embrun, d'admettre la nomination du prieuré de Ste-Croix, faite par le grand vicaire de l'abbé de Boscodon en faveur du s⁷ Silvestre, religieux dud. Boscodon, sur le fondement qu'il n'étoit pas décidé que s⁷ abbé en soit le collateur et qu'il doive être possédé par un religieux ». Présent, Laurent Bonnet, camérier de Boscodon, qui déclare que le prieuré de Ste-Croix, au terroir de Châteauroux, est vacant par la mort de Louis Arcenier, arrivée ce jour, 1ᵉʳ mars 1692, et qu'en vertu de la transaction du 3 oct. 1521, l'abbé de Boscodon a droit de nommer le prieur Thouard, secrétaire. Embrun, 1ᵉʳ mars 1692. Et « attendu que dans ce diocèze il n'y a point de greffier des insinuations ecclésiastiques en titre, ni par commission, établi par édit du Roy du mois de déc. 1691 », F. Vinalier, secrétaire archiépiscopal, fait l'insinuation dans les archives de l'archevêché, le 8 avril 1692.

Pièces relatives à la reprise de la ferme de la vigne de Mme de Champoléon à Remolon. — Note d'après laquelle Mme de Champoléon, pour 7 ans, doit 321 l. 6 s. à l'abbé de Savine, 23 mars 1722. — Lettres sur ce sujet par l'abbé de Savine à Colomb, not. à

Remolon. Boscodon, 6 janv. 1722 ; -- par Mme de Champoléon à l'abbé de Savine, à Embrun (s. d.) ; — par l'abbé de Savine à Mme de Champoléon, à Chorges. Embrun. 15 sept. 1729 ; — par M. de Champoléon. Refus de payer lad. pension. « Je vous prie, M. mon très cher abbé, que ce contre-temps ne rallentisse en aucune façon nostre ancienne amitié et qu'une pareille bagatelle ne l'altère jamais ». 30 sept. 1729. — Bail emphytéotique pour 29 ans par les religieux de Boscodon à Grégoire Disdier, bourgeois de La Bâtie-Neuve. de deux terres, l'une au mas de *Vie Peira*. cfr. la terre de la cure du midi, et l'autre au mas de *Pra des Horts*, moyennant 11 l. chaque année. Présents. Jacq. Silvestre, grand prieur. Ant. Silvestre. chantre. Louis-Franç. Davin, cellérier. Jos.-Franç. Silvestre, camérier et grand-vic.. Claude Goudet. prieur de Ste-Croix. Pierre Saint, recteur de La Bâtie-Neuve. Franç. Martin Roux, prieur de St-Quenis, Bernard Roux, prieur de Saint-Marc. Ant. Silvestre et Luc Ange, religieux. Tém. Jos. Davin, secrétaire de La Bâtie-Neuve. et Mathieu Bertrand. dud. lieu. Boscodon. 14 juil. 1738.

Acte de profession religieuse par Jean Sias, prêtre, en suite de la mort d'Ét. Brunene, admis en noviciat le 24 mars 1708. Serment par lui prêté : « *In nomine Domini, amen. Anno a nativitate ejusdem 1709, die ... 24 mensis martii, ego Joannes Sias, presbiter, promitto stabilitatem meam et conversionem morum meorum in monasterio dicto B. Mª de Boscodono, diocesis Ebredunensis, obedientiam superioribus secundum regulam Stª Benedicti, coram Deo et omnibus sanctis quorum reliquiæ habentur in hoc monasterio... coram r. p. patre Josepho Silvestre, ejusdem monasterii priori claustrali* ». Présents. Jean Silvestre, prieur de Ste-Croix. sacristain, Ant. Silvestre, chantre. Franç.-Charles Barthélemy, diacre, camérier, Jean Barthél. Albrand. prieur de St-Quenis, Jean Michel et Jean Miolan. religieux. Tém. Jacq. Silvestre, vibailli. juge royal de l'Embrunais et commun d'Embrun. Franç. Bouteille, mr orfèvre dud. Embrun, 21 mai 1709. - Collation de la place monacale possédée par Jean Sias. démissionnaire, à Jos. Silvestre. clerc minoré. fils de Jacq. Silvestre. vibailli de l'Embrunais. Présents. Jos. Silvestre. docteur ès droits, grand prieur, recteur de La Couche, Jean-Barthél. Alphand. sacristain. prieur de St-Quenis, Ant. Silvestre. chantre et maître des novices, Franç.-Charles Barthélemy. diacre, camérier, prieur de Ste-Croix, Jean Miolan et Jacq. Silvestre. prêtre, religieux, 15 janv. 1715. — Profession religieuse, en suite de la démission de Jean Sias, par led. Jos. Silvestre, novice. Tém. Guil. d'Humbert, bénéficier en la métropole d'Embrun, Franç.-Jacq. Dupuy. avocat, premier consul d'Embrun, Franç. Rivoire, procureur, Jean Lagier, chan. hon.. le père Roux, gardien des Frères Mineurs conventuels. et Didier Dongois, marchand, d'Embrun, 19 janv. 1716.

II. 29. (Liasse.) — 5 pièces ou cahiers, papier.

XVIᵉ siècle-1742. — *Documents divers relatifs à Savine, à Embrun, etc.* — État des papiers remis à un avocat par le syndic de Boscodon « pour préparer mes défences contre le mandement de Savine, qui prétend avoir des droits sur la montagne de Morgon ». Maintenue accordée à la comtᵉ des Crottes de faire dépaitre et faire faucher sur les montagnes de l'abbaye, conformément aux transactions et à l'arrêt de 1610 (ordonnance du 18 avril 1682) ; Sentence arbitrale de 1199 ; hommage du seigneur de Savine, 1390 : procédure de M. de La Coste, 1624 ; écritures des gens de Savine, 1665, etc. (17ᵉ siècle). — « Inventaire des titres pour la montagne de Morgon » : enquête du 10 oct. 1278, par Ét. Langier, not., à l'instance de Pierre de La Croix, moine et procureur de Boscodon ; vente par Guil. de Poulis, à Pierre *Chocini*, abbé de Boscodon, de la montagne de Morgon, le 22 mars 1307 (Raymond *Salvagni*, not.) ; quittance de pension, le 2 mai 1421, par Louis de Bologne. chevalier, vicomte de Reillane, sgr de Monts ; reconnaissances du 7 oct. 1428 reçues par Ant. Acthuier, secrétaire delphinal (16ᵉ siècle.)

Compte des recouvrements faits par Martin Roux, religieux de Boscodon, des revenus du marquis de Savine à Réalon en 1738-1741. Totaux, 4.563 l. 18 s. des « payements en reprise », et 4.162 l. 19 s. des recouvrements ; « partant il est dû au comptable la somme de 300 l. 18 s. 6 d. » (v. 1742). — Extrait de la procédure « sur les différends entre la comtᵉ de Savine et les gens de Montmirail », par Claude de Simiane de La Coste, conseiller au Parlement, le 20 sept. 1624, à Grenoble. « dans la maison de mrᵉ Franç. du Faure, sgr de La Rivière », surintendant de la justice et des finances de Languedoc, son beau-père. Sont entendus: Pierre Eynard, procureur ; Juvenis, avocat de Savine, de Levésy, avocat de Montmirail : Jacq. Clapasson, avocat, 30 ans ; Jean Eyraud, premier huissier à la Cour, 39 ans ; Bernard Jouve. procureur au bailliage d'Embrun, 54 ans ; Charles Gay, not. de Châteauroux, 38 ans ;

Guil. Ama, châtelain des Crottes, 70 ans ; Gaspar Doutre, châtelain de Savine, 47 ans ; Jacq. Borel, laboureur, de Savine, 50 ans ; Restclète *(sic)* Imbert, f. de feu Ant., id., 65 ans ; Jacq. Hugues, f. de feu Mathieu, laboureur de Montmirail, 90 ans ; Sébastien Bernard, f. de feu Jean, id., 57 ans (18ᵉ siècle). — Notes relatives à ce que doit « M. de St-Martin à l'hôpital et aux dames religieuses d'Ambrun », par arrêt d'Aix du 9 juil. 1723 ; total, 6.675 l. « avec intérêt à courir depuis le 19 déc. 1723 » (id.).

II. 30. (Liasse.) — 71 pièces, papier ; 3 pièces, parchemin.

1616-1745. — *Chapelle des Escoyères.* — Pièces d'un procès devant le Parlement par l'abbé de Boscodon contre les consuls d'Arvieux en Queyras, au sujet de « la chapelle ou prieuré de la Magdeleine » des Escoyères dans la Combe du Queyras, dépendant du *chamarier* de Boscodon [1]. Durant les guerres de religion, les immeubles dud. prieuré ont été usurpés par les Réformés. Le 18 mai 1616, Boscodon a présenté au Parlement une requête contre les consuls d'Arvieux, afin de recouvrer les fonds lui appartenant. Suivant l'acte de fondation de la *chamarerie* de Boscodon, de l'an 1491, le prieuré des Escoyères lui fut alors annexé. Parmi les biens de la chapelle des Escoyères, plusieurs étaient situés dans la communauté de Ville-Vieille en Queyras (1616). — Requêtes pour Boscodon contre Ant., Claude et Barthél. Philip, « du lieu de *Couyères*, paroisse d'Arvieu », détenteurs des biens de la chapelle de la Madeleine (1616).

Mémoire, signé Hon[oré] du Bonet, en faveur des consuls d'Arvieux (1617). — Arrêt du parlement qui condamne les habitants d'Arvieux à « la vuidange des pièces par chascung d'eux respectivement tenus ». Grenoble, 9 août 1617. — Accord entre l'abbé de Boscodon et Giraud Peyron, religieux et chamarier, d'une part, les consuls d'Arvieux, Jean Albert, Isaac Fantin et Jean Dalmas, d'autre part. Ceux-ci promettent à Boscodon 1.200 l. pour les fonds situés au lieu des Escoyères et montagne » [de *Furfando*], à condition de les employer au profit de l'abbaye dans la quinzaine. Embrun, 11 oct. 1620 (*alias* 17 nov. 1618, Jean Dalmas, not. d'Arvieux).

Accord semblable avec Jacq. Maritan, du Château-Queyras, moyennant 200 l. (Salva, not. d'Embrun), pour « fondz assis à Montbardon ».

Constitution d'une pension de 345 l., au profit du chamarier de Boscodon, moyennant les deux sommes susdites de 1.200 et 200 l., sur la communauté de « Rousset en Embrunois », de l'avis d'Abel de Sautereau, abbé de Boscodon, par « Anth. Sigaud, sieur de La Croze », religieux, et Ant. Albrand, religieux et chantre, et Giraud Peyron, chamarier de Boscodon. Présents : Aubert Martin, f. de feu Jacq., lieutenant de châtelain, Aubert Disdier, f. de feu Barthél., et Jean Pelautier, f. de feu Barthél., consuls, Jacq. Disdier, f. de feu Barthél., Esprit Bouyer, f. de feu Et., Arnoux Pons, f. de feu Jean, Jean Pons, f. de feu Michel, et autres habitants de Rousset ; Jacq. Borrel, f. de feu Jean, consul d'Arvieux. Rousset, 7 févr. 1622. Suit la copie de la procuration 1ᵒ d'Abel de Sautereau, abbé de Boscodon, à Ant. Sigaud, religieux. Tém. Ant. Mollard, avocat, Ant. Gabillon, prêtre de Moyrans, Pierre Perrinet, clerc dud. abbé ; Ant. Jassoud, not. Grenoble, 14 sept. 1621 ; — 2ᵒ des religieux de Boscodon à Ant. Albrand, l'un d'entre eux. Présents : Jean Beraud, grand prieur, Ant. Jame, sacristain et vicaire, Ant. Albrand, chantre, Charles de La Robinière, cellérier, Ant. Sigaud, Bernard Girard, Gui Gras, tous religieux. Boscodon, chapelle de St-Firmin, 2 févr. 1622. — Requête au Parlement par les religieux, afin de faire taxer les dépens à eux adjugés par arrêt du 17 juin 1625. — Inventaire des pièces produites au procès : la chapelle de la Madeleine, « au lieu appelé *Les Couyères*,... par l'injure des dernières guerres civiles, ruynée et démolie », possédait divers fonds à Arvieux et ailleurs, « entre autres deux pièces de vigne scituées au terroir de Guillestre », tenues par Claude Gautier, dud. Guillestre, sans titre légitime (19 nov. 1625). « Lesd. deux vignes ont tousjours esté possédées par les preltres de lad° abbaye, recteurs de lad° chapelle Ste-Marie-Magdelleine *de Choyères*, jusques en l'année 1584 que l'usurpation desd. vignes fut faicte contre eux » (20 mars 1624).

Extrait du *Regestrum norum Guillestre completum et inceptum per honorabiles Laurentium Janselmi, Johannes Marie* (sic), *et Rᵐ Johannes Taxillis, presbiterum Guillestre : Cappellanie beate Marie Magd° de Coutères,* vigne à La Croix (*in Crucem*), cfr. celles d'Ant. Grossan, André David, Ant. Gautier, Mathieu *de Gruassio* et le chemin en tête : vigne au Coulet (*in Colletto*), cfr. celle de la confrérie de N.-D. et le

---

[1] Sur les murs de cette chapelle existent deux fragments d'une précieuse inscription romaine rappelant le souvenir de quelques peuplades alpines : les *Capillates*, les *Adanates*, les *Savincates*, les *Bricianii*, les *Quariates*,.. dont *Bussulus* était préfet (*Corpus*, XII, nᵒ 80. *Invent. des Archives de Guillestre*, 1906, p. xvi).

chemin au pied. Certifié par Jacq. Dalmas et Pierre
Court. consuls de Guillestre, au requis de Guigues
Peyron, not. royal d'Orcières, agissant au nom de
Giraud Peyron, camérier de Boscodon ; Jean de
Gulphe. secrétaire (7 nov. 1623). — Requête à l'intendant de Dauphiné par Victor-Amédée de Lafont de
Savine. abbé, et Franç Charles Barthélemy, camé-
rier de Boscodon. afin d'obtenir de la communauté
de Rousset le payement de la pension de 70 l. qu'elle
doit. depuis 1712, « pour les cuculles des religieux ».
en vertu de l'acte passé avec la communauté d'Arvieux le 7 févr. 1622 (8 mai 1723). — Assemblée de
lad° communauté d'Arvieux relative à cette affaire.
Présents, Jean Faulin et Jean Simon, consuls. André
Faulin, docteur en médecine, Jacq. Faulin La Tour,
Gervais Albert. f. de feu Chaffrey, Abraham et Jean
Meissimilly. et autres. 20 juin 1723. — Avis sur ces
questions par les avocats Piémont et De Frise. Grenoble. 9 juin 1743. — Requête au Conseil du Roi par
Amédée de Lafont de Savine sur le même sujet
(4 mai 1745). etc.

H. 31. (Liasse.) — 36 pièces ou cahiers, papier ;
1 pièce, parchemin.

1491-1749. — *Prieuré de N.-D. de La Blache à
Chorges.* — Mémoire suivant lequel Hugues *Meye-
rius*, en 1295. donne le domaine de La Blache ; en
1383. Rodolphe Ricard est abbé de Boscodon et
Guil. *Joannis* possède le bénéfice de La Blache ; en
1491, Jean Faure *(Fabro)* est prieur de N.-D. de La
Blache. et. en 1521. Jean Chapoton est nommé prieur.
D'ailleurs, un parchemin de 1239, intitulé *Carta
Charitatis*, prouve que l'abbé de Chalais s'engage
à « visiter annuellement l'abbaye de Boscodon et
l'abbé de Boscodon, celle de Chalais, pour observer
réciproquement. suivant leurs usages, la règle de
S. Benoît ». La Blache était directement de la dépendance de Boscodon, et c'est mal à propos que
les abbés de Boscodon Franç. et Michel de Sautereau « ont prétendu le faire dépendre du St-Sépulcre » (XVII° siècle). — Lors de « l'érection de l'office
de cellérier en 1491 », les prieurés de La Blache et
de St-Maurice lui furent unis (id.). — Le 13 juil. 1609,
Blaise Porcel. docteur en théologie, fut pourvu, par
l'archevêque d'Embrun, du prieuré de La Blache. et
mis en possession le 16 ; Pierre de Voyse, chan.
de St-André de Grenoble. s'est fait pourvoir dud.
prieuré, en cour de Rome. et a pris possession le
20 janv. 1629. Signé : De Roulx, 15 mars 1629. —

Rôle de ceux qui doivent à Chorges des censes à
Charles de La Robinière, cellérier de Boscodon :
Ant. Michalon, terre à Pré-Lambert ; Ant. Lafont,
au Serre-St-Denis et *ès Réals* ; Ant. Souchon, maison à *l'Armitan* ; Benoît Rispaud, champ au Villar ;
Jean Chaix, prés *en Marcisse* ; Victor Trinquier,
champs à St-Denis ; Vincent Michalon. dit *Chiquon*,
champ *ès prats Cheorges* ; la communauté de Chorges, moulin indivis avec l'archevêque d'Embrun,
dont lad° com¹⁰ a vendu sa portion au s¹ de Champoléon et qui doit au cellérier de Boscodon « la cense
d'une charge bled froment », etc. (XVII° siècle).

Reconnaissance en faveur du cellérier de Boscodon par Jean Gérard, Jean Chaix-*Porchier* et autres
habitants de Chorges, d'un domaine sis *in Combis
Tortis sive in Potheyraco*, qui avait été donné par
l'abbé de Boscodon en emphytéose à Claude et Jean
Gérard. frères (Urbain Levésie. not. d'Embrun), cfr.
la combe de Riou-Claret ou Combe-Belle du levant,
sous la cense annuelle de 3 charges 1/2 de blé méteil
(bladi meythenchi de frumento et siligine), 3 setiers
d'avoine et 1 denier viennois ancien (1531). — Sentence arbitrale par Pons Bermond, lieutenant de
juge à Chorges, Giraud Logier, Jacq. Goirand et Jean
Roux, qui, au requis de Jean Gras, cellérier de Boscodon, condamne les emphytéotes du prieuré de
La Blache à payer les arrérages dus depuis 1577.
Tém. Jean Lafont, f. de Claude, de Chorges, et Jean
Bertrand, d'Ancelle ; A. de Lafont, not. Chorges,
18 mai 1584. — Liste des tenanciers du « faict de
Potcyrac », qui ont payé en 1602 : Esprit Chaix,
Pierre Rispaud, Vincent Chevallier. Pierre Fazi et
autres. — Commandement auxd. tenanciers de
payer ce qu'ils doivent, 26 juin 1608. — Sommations
aux héritiers de Jacq. Chaix et à plusieurs autres,
au requis d'Ambroise Bernard, cellérier de Boscodon, de passer nouvelle reconnaissance « du faict
de Poteyrac », 10 mars 1670 ; — id. à Pierre Chaix-
Bourron, Vincent André, hoirs de Victor Chaix-
Praguérin, d'Ant. Richard, de Jacq. Chaix-*Bailli*,
9 sept. 1675.

Pièces de procédure relatives au prieuré de La
Blache, remises le 27 mai 1726, à Grenoble, par dom
Jean Boyer de Beaumanoir, pitancier de Romette,
ancien prieur de La Blache. à dom J.-B. Gavet, son
successeur à La Blache : Bail à ferme par Charles
de La Robinière, cellérier, Albin Peyron, grand
prieur, Claude Peyron, camérier, Ant. Jame, recteur de La Bâtie-Neuve, Pierre Besson, prieur de
La Blache, Jacq. Imbert, prieur de St-Maurice, Ives

Garcin, claustrier, Ambroise Bernard et Jean Guay,
novices, tous religieux de Boscodon, aux consuls
de St-Clément (acte incomplet), 26 sept. 1612. —
Autre bail à ferme, par Charles de La Robinière,
cellérier de Boscodon, à Pierre et Jean Martin, de
Chorges, du domaine de La Blache, « au-dessus du
massage du Bourget », à Chorges, pour 3 ans, au
prix de 63 écus, chacun de 3 l., chaque année, et
4 chapons, 5 avril 1657. — Requête au bureau de
l'élection de Gap par « Jean Bouhier de Beaumanoir,
docteur en théologie de la faculté de Paris, religieux,
prêtre, supérieur et pitancier du prieuré de Romette,
ordre de S. Benoist, prieur titulaire de N.-D. de La
Blache de Chorges », afin d'être exempté de payer
les tailles pour son prieuré de La Blache (7 août
1724). — Mensuration des murailles du prieuré de
La Blache. Présents, Pierre Rispaud, Domin. Cres-
pin, Jean Bourgogne, J. Bouhier de Beaumanoir,
prieur de La Blache, 13 mai 1726. — Arrêt du Parlement, qui, à la requête de J.-B. Gavet, prieur de La
Blache « et aumônier du seigneur ermite de Sasse-
nage », condamne la com^té de Chorges à lui resti-
tuer 12 charges de froment. Grenoble, 26 août 1729.
— Sentence rendue par Pierre Silvestre de Rioclar,
écuyer, conseiller du Roi, lieutenant civil et cri-
minel, vibailli de l'Embrunais, qui condamne Jean-
Ant. Tholozan La Madeleine, avocat du Roi aud.
bailliage, à payer les dépens adjugés à Jos.-Franç.
Silvestre, camérier de Boscodon, le 10 mai 1748.
Embrun, 5 déc. 1749, etc.

H. 32. (Liasse.) — 69 pièces ou cahiers, papier.

1569-1749. — *Camérier de Boscodon.* - - Pièces
de divers procès en faveur du camérier de Boscodon : 1º contre le sgr de Rousset, au sujet du Pré la
Tour, sis à Chorges, que led. sgr dr Rousset avait
usurpé. — Requêtes au Parlement : par n. Louis
de Rousset, sgr dud. lieu, de Prunières et autres
places, en revendication du pré susdit (23 mars 1630);
— par Giraud Peyron, camérier de Boscodon, en
maintenue dud. pré (24 avril 1630). — Enquête par
Jacq. Baud, docteur ès droits, avocat à Gap, au
requis de Giraud Peyron : Claude Souchon, not. à
Chorges, 55 ans, dépose que, depuis 20 ans, le sr de
Rousset occupe le pré de La Tour; Pierre André, f.
de feu Jacq., d'Orcières, 60 ans ; Mathieu Meylan, f.
de feu Jean, de Prunières, 55 ans ; Augustin Miolan,
f. de feu Pierre, du même lieu, 23 ans ; Jean Faure-
Marou, f. de feu Ant., d'Orcières, 90 ans ; André Augier, f. de feu Jean, des Augiers, ham. de Chorges,
48 ans ; Ant. Bertrand, f. de feu Franç., d'Orcières,
61 ans ; Barnabé Besson, f. de feu Ant., des Crottes,
77 ans ; Julien Rencurel, f. de feu Jean, des Crottes,
60 ans ; Jacq. Chevalier, f. de feu Marcon, des Ber-
nards, ham. de Chorges, 80 ans : Victor Trinquier.
f. de feu Jacq., lieutenant du vibailli d'Embrun. juge
royal de Chorges, déclare que led. pré La Tour « estoit des prés de l'esglize St-Denis »; Jacq. Rispaud,
f. de feu Victor, du Marlouret, ham. de Chorges, 55
ans, dit que le pré La Tour est du « mas de St-
Denis »; Anne Fabre, fille de feu Claude, de Chorges, 20 ans, dit que frère Giraud Peyron a vendu, il
y a 7 ans, led. pré à Pierre Fabre, son frère, etc. (17
juin 1628) ; — 2º contre frère Pascalis Albrand, chantre de Boscodon, au sujet de la terre des *Merles* ou
Marles. — Consentement accordé par les religieux
de Boscodon, sur proposition de Jacq. de L'Espine,
l'un d'entre eux, de donner en emphytéose le
champ des Merles, à Oronce Bosc, f. de feu Hugues,
des Crottes. Présents : Pierre de L'Espine, chantre.
Pierre de Péteni, cellérier, Restitin Borrel, Pierre
Vivet, Victor Disdier et Guy Gras; Franç. Martin.
not. Boscodon, 3 nov. 1569.
Requête à « M. de Lange, juge du temporel de
l'abbaye de Boscodons », par Guy Gras, religieux de
cette abbaye, qui avait pourvu, le 27 oct. 1633,
par l'abbé de Boscodon de la terre des Merles, afin
d'obliger frère Pascalis Albrand à lui remettre lad^e
terre (23 févr. 1634) : -- 3º contre Jean-Ant. Tholozan
la Madeleine, avocat du Roi au bailliage d'Embrun.
en revendication du *Pré Campane,* terroir des Crottes. — Reconnaissance, en faveur de Giraud Peyron.
camérier de Boscodon, par n. Scipion Reymond, sr
de La Treille, du pré susdit, autrement dit de *Peyre
Blanc,* sous la cense annuelle de 12 gros. Tém. Gaspar Col, f. de feu Nicolas, d'Embrun, et Pierre
Borrel, des Crottes; J. Gendre, notaire. Les Crottes.
19 juin 1647. — Autres reconnaissances en faveur de
Giraud Peyron, camérier de Boscodon, par Jean
Rayne et ses frères, d'un pré dit La Rochette. au
territoire de Montmirail, cfr. le béal de Boscodon.
du levant. sous la cense de 1 l. 13 s. et le quart d'une
geline. Cette terre avait été cédée, le 23 sept. 1521.
par le sr de Feugières, abbé de Boscodon, à Jérôme
Mathieu, camérier de Boscodon. Tém. Jacq. Martin.
menuisier d'Embrun, natif de Gap. et Claude Lavan.
du Passage, demeurant à Boscodon. Boscodon.
dans la chambre dud. camérier. 17 mars 1625; — en
faveur de Laurent Bonnel, camérier de Boscodon.

par Jos. Albrand. f. de feu Guil.. des Crottes. du susdit pré Campane, *alias* Peyre Blanc, sous la cense de 6 gros. Les Crottes, 30 sept. 1695. — Requêtes, mémoires. etc., par Jos.-Franç. Silvestre, camérier de Boscodon. contre Jean-Ant. Tholozan la Madeleine (1747). - Citation à ce dernier de comparaître devant André Anthoine, « ancien avocat non suspect. en la judicature des Crottes », 14 nov. 1747. - Inventaire des documents produits au procès, 7 mai 1748. — Autres pièces produites devant Raymond Roux, avocat, juge ordinaire des Crottes. et devant Laurent Mathieu, « ancien avocat non suspect au baillage royal de l'Embrunois » (1748-49).

H. 33. (Liasse.) — 20 pièces, papier; 2 pièces, parchemin.

1596-1750. — *Documents divers*. — Requêtes : au vibailli d'Embrun. par Jean Peyron, grand prieur de Boscodon. procureur d'Alphonse Rossel, abbé commendataire dud. Boscodon. afin de pouvoir faire couper du bois pour réparer le prieuré de Paillerols (31 oct. 1596); — à Lesdiguières. par les religieux, afin de pouvoir faire rétablir le toit de l'église de Boscodon et de réparer le cellier de Chadenas. Accordé. Grenoble. 5 juin 1599. — Mémoire pour les syndics des mandements de Savine et de Montmirail. au sujet des bois et montagnes situés entre le Barnafrey, la Durance et l'Infernet, dont ils revendiquent la propriété. Signé. Galland (vers 1625). — Mémoire contre n. Louis de Roussel, qui occupait le pré La Tour. situé sur la comté de Chorges, 15 avril 1626. - Quittance de 2.985 l. par n. Louis de Roussel. sgr dud. lieu, de Prunières, etc.. Gaspar de Castellane. écuyer, sgr d'Asfoin. à Jacq. Disdier. f. de Barthél.. de Roussel. pour compte final de la somme due au camérier de Boscodon en 1636. Bréziers. 23 févr. 1637. — Compte avec Jacq. Disdier, fermier de Roussel. 24 nov. 1651. — Lettre à Anne Disdier par le sr de Roussel. pour lui réclamer de l'argent. 1636-48 ; — au sr de Roussel par Charles de La Robinière. pour même motif. Boscodon, 8 déc. 1651. — Copie de la transaction entre n. Franç. de Pontis. sgr dud. lieu et en partie d'Ubaye, et les habitants du mandement de Savine, au sujet de la « Chaume de Mourgon » et autres questions litigieuses : limites entre Pontis et Savine, plantées près de *Riou Claret*, le long du chemin allant au Sauze. dans le bois dit *Toilhas*, au pied de la montagne de Morgon. à la grande *raye* de l'eau qui descend de cette montagne, 17 mai 1645.

Mémoires pour Franç. de Sautereau, abbé de Boscodon, contre divers habitants du Puy-Sanières et des Crottes, qui possédaient des fonds au mas de Chadenas et refusaient de payer les droits de tasque à Boscodon (1652). — Bail à ferme donné par Guil. de Pierre, sr de La Faye, chan. et sacristain de l'église d'Embrun, procureur de Michel de Sautereau, abbé de Boscodon, à Jacq. Brocard, me charpentier, des Crottes, et Benoit Rendy, me charpentier, d'Embrun. Louis Bucelle et Annet Bahon, maçons, de lade ville, de réparer les bâtiments de l'abbaye de Boscodon, pour 550 l. et une charge de méteil, d'une part, et 730 l., d'autre part. Embrun, 24 avril 1706. — Difficultés entre Boscodon et Les Crottes, au sujet de l'arrosage de Pré la Croix, les « arrousans ou *prayers* establis » ayant dérivé l'eau vers d'autres quartiers, 15 août 1720. — Mémoires pour Boscodon contre la comté des Crottes qui avait usurpé « la moitié de la montagne de Morgon » (vers 1730) ; — pour l'abbé de Savine contre M. des Crottes, au sujet du « passage des troupeaux que les bergers ammènent de Provence pour dépaître dans les montagnes des Crottes et de Montmirail », et de sa prétention « d'exiger un mouton pour chaque troupeau ou *baylie*, outre le pulvérage », en vertu d'une reconnaissance du 6 févr. 1657 par les hommes de Montmirail (André Fortoul. prêtre, et Julien Souchier, leurs procureurs). Boscodon n'a jamais passé de pareils actes, et il ne doit rien au sr des Crottes pour les troupeaux qui se rendent aux montagnes de Martin-Jean, de Morgon ou de La Rousse. Les droits de l'abbaye sur ces montagnes ont été réglés par actes du 10 juin 1265, 9 avril 1344, 6 mai 1357 et les arrêts de 1610 et autres postérieurs (vers 1740). — Bail à ferme par les religieux de Boscodon à Jos. Peyron. f. de feu Joseph, de Réalon, demeurant aux Crottes, du domaine de Pré la Croix, pour 8 ans, au prix de 135 l. par an. Présents, Jacq. Silvestre, chantre, Louis-Franç. Davin, cellérier, Jos.-Franç. Silvestre, camérier et grand vic. de l'abbé, Claude Goudet, prieur de Ste-Croix, Pierre Saint, recteur de la rectorie de La Bâtie-Neuve, Franç.-Martin Roux, prieur de St-Quenis, et Ant. Silvestre, prieur des Blaches, religieux. Boscodon, 15 juil. 1743. — Requête par le camérier de Boscodon contre Martin Pelloantier et le sr Disdier, de Roussel, au sujet de dettes, 18 mai 1743. — Reconnaissance par Jos. Chevalier, f. de feu Ét., Jean-Louis Albrand, f. de feu Franç., et Jos. Michel. f. de feu Guil., des Crottes, en faveur de Boscodon, à cause du *Pré Campane* ; Charles-Jean Janneau. nol. Embrun, 29 févr. 1744. — Bail à ferme par les religieux de Boscodon à Ét. Imbert du tènement de *Pra Marquet*, territoire des Crottes, pour 9 ans, moyennant 3 charges de blé chaque année, et sous diverses clauses. Présents, Jacq. Silvestre, grand prieur et prieur de St-Maurice, Ant. Silvestre, chantre, Louis-Franç. Davin, cellérier et économe, Jos.-Franç. Silvestre, camérier et grand vic. de l'abbé, ancien prieur de Ste-Croix, Pierre Saint, recteur de La Bâtie-Neuve. Franç.'-Martin] Roux, prieur de St-Quenis, Luc Ange et Jacq. Dalmas, religieux. Boscodon, 2 févr. 1746. — Mémoire pour Boscodon, contre Les Crottes, au sujet du Pré la Croix, affecté à l'acquittement de messes (vers 1750).

H. 34. (Liasse.) — 94 pièces, papier (dont 1 imprimé) ;
1 pièce, parchemin.

1622-1751. — Pièces de procès intenté par Boscodon à la communauté de Rousset en payement de pension. — Requête à l'Intendant par Victor-Amédée de La Font de Savine, abbé commendataire de Boscodon, afin d'être payé de la pension de 70 l. provenant des 1.400 l. prêtées à lad° com^té le 7 févr. 1622 et résultant de la vente des immeubles de la chapelle de Ste-Madeleine des Escoyères, de la dépendance de Boscodon, à la com^té d'Arvieux en Queyras le 17 nov. 1618 et à Jacq. Maritan, du Château-Queyras, sis au hameau de Montbardon (vers 1622). — Transaction entre les consuls de Rousset et l'abbaye de Boscodon, au sujet du prix d'achat des propriétés dépendant de « l'office de chamarier » de lad° abbaye « soubz le titre de la Ste-Marie-Magdelaine, situés au terroir des Escoyères, village d'Arvieu » et à Furfande, ainsi qu'au « village de Montbardon en lad° com^té de Chasteau-Queyras » (Salva, not. d'Embrun, 17 nov. 1618). Sur réquisition d'Ant. Albrand, chantre de Boscodon, Jean Albert, Jean Dalmas, not., Isaac Fantin et Abraham Meissimilly, not. d'Arvieux, remettent à Aubert Martin, f. de feu Jacq., lieutenant de châtelain, Aubert Disdier, f. de feu Barthélemy, Jean Peleautier, f. de feu Barthél., consuls, Jacq. Disdier, f. de feu Barthél., Esprit Bouvier, f. de feu Ét., Arnoux Pons, f. de feu Jean, Jean Pons, f. de feu Michel, Esprit Disdier, dit *Foulon*, f. de feu Ant., Vincent Rey, f. de feu Pierre, André Ayme, f. de feu Michel, Louise Ayme, veuve de Claude Ayme, Pierre Michel, f. de feu Ant., Ant. Tronchet, f. de feu Nicolas, et autres, lad° somme

de 1.400 l., à condition de payer à Boscodon une pension de 70 l. et une charge de vin, etc. Rousset, 7 févr. 1622. — Procédures : au requis de Girand Peyron, camérier de Boscodon, afin de contraindre la com^té de Rousset à payer la pension susd° (1625) ; — au requis de Franç. de Sautereau, abbé de Boscodon, et Laurent Bonnet, camérier, à mêmes fins (14 août 1671). — Certificat, par Jacq. Silvestre, « vibailli, juge royal présidial de l'Embrunois, commissaire subdélégué par Mgr l'Intendant pour la vérification et liquidation des debtes des communautés » dud. Embrunais, à Laurent Bonnet, camérier de Boscodon, des pièces établissant les droits de Boscodon sur la pension due par la com^té de Rousset. Embrun, 22 août 1671. — Procédure au sujet de cette pension. Embrun, 22 août-14 sept. 1671. — Observations en faveur de Rousset (s. d.). — Requête à l'Intendant par les consuls de Rousset, afin de ne plus payer lad° pension (2 mai 1716). — Mémoire en faveur de Charles Barthélemy, camérier de Boscodon, 27 mai 1716. — Assignation de la part de l'abbé de Boscodon aux consuls de Rousset de comparaître devant l'intendant du Dauphiné, 10 oct. 1718.

Requête à l'Intendant par Jos.-Franç. Silvestre, afin d'être autorisé à assigner les consuls de Rousset en payement de pension (18 sept. 1734). — Enquête à ce sujet, présents : Jean Pons, consul, et Esprit Disdier, députés de Rousset, 10 déc. 1734. — Assignations et présentations de la part de Boscodon, 1742. — Inventaire des pièces produites en Parlement par Boscodon, 11 mars 1743. — Avis par les avocats D. de Montdenoir et La Balme, en faveur de Boscodon. Paris, 29 nov. 1743. — « *Mémoire signifié* pour les abbé commendataire, syndic, camérier et chapitre de l'abbaye royale de Boscodon, ordre de S. Benoît, demandeurs, contre les consuls, habitans et communauté de Rousset, et les nommés Jacq.-Martin, Jean-Pierre Pallatier (*lire* Pellotier) et Claude-Esprit Didier, frères, habitans du même lieu de Rousset, et contre les consuls habitans et communauté d'Arvieux, tous défendeurs » (Paris, « de l'impr. de Charles Osmont, rue St-Jacques, à l'Olivier, 1747 », in-f° 16 p.) — États des frais au procès du camérier de Boscodon contre les habitants de Rousset : 6 juil. 1742, présentation, 3 l. ; 13 mars 1743, rémission du procès. 16 l., etc. Total. 33 l. ; « Lettres de relief scellées le 24 janv. 1744 », 7 l. 10 ; droit de consultation. 10 ; « Requête du... aoust 1744. contenant 47 rolles », deux copies et deux significations, 143 l. ; port du paquet. 5 l. ; le 1er déc. 1745,

« au secrétaire pour l'extrait », 24 l., etc. Total, 605 l. 2.

Quittances : de 72 l. par La Balme. Paris, 15 janv. 1744 : — de 36 l. par Dufour, avocat aux Conseils du Roi. Paris, 27 janv. 1744. — Lettres à Silvestre, vi-bailli d'Embrun, par Dufour, avocat, accusant réception de 100 l. envoyées par Lambert, banquier à Lyon, « pour le compte de MM. de Boscodon ». Paris, 1er août 1746 ; — par le même, envoyant la requête que les consuls d'Arvieux lui ont fait signifier, avec son mémoire imprimé, 15 mars 1747. — « Il ne faut que lire les lettres de feu le vibailli d'Embrun, pour être persuadé que c'étoit un homme d'un mérite distingué, et je suis véritablement affligé de sa mort ». Paris, 13 avril 1747. — « Depuis 1717, que votre affaire est jugée, aucune des parties n'a levé l'arrêt, et cette inaction me fait présumer que vous vous estes accommodé avec les communtez d'Arvieux et du Roussel ». Paris, 2 déc. 1751. — Requête au Roi par les consuls de Roussel, à l'occasion de l'appel interjeté au Conseil par l'abbaye (s. d.), etc.

II. 35. (Liasse.) — 41 pièces, papier ; 7 cachets plaqués.

1752-1755. — *Correspondance*, etc. — Lettres : à Roux, chantre de l'abbaye de Boscodon, par son ami Héraud Courrière : il lui envoie « deux oignons de la *Grand Chlatarine*, monte 3 livres... Vous ne devez pas blâmer les paresseux, parce que vous en êtes le capitaine, vous qui avés demeuré cinq mois sans me donner signe de vie ». Grenoble, 22 janv. 1752 ; — par son confrère Silvestre, économe, en lui envoyant deux lapins et quatre perdrix. Boscodon, 21 janv. 1753 ; — à propos de difficultés avec le P. Dalmas, jésuite : « Tout est, cependant, à ménager dans la société de Jésus : tôt ou tard l'on se rencontre avec cette compagnie ». 25 févr. 1753 ; — « Laissons à Mons. des Crottes le léger advantage d'étaler et d'étendre ses prétentions, et au P. Dalmas la liberté de les faire valoir... Je vous suis obligé, au reste, de ce que vous voulez concourir à décorer notre réfectoire. Faites, je vous prie, remettre en conséquence à Catier, la fontaine et la cuvète. Ce voiturier portera, à son retour, notre airain, qui fera plus que le fonds nécessaire pour nous mettre à la moderne... Je réserve pour la bonne bouche le mariage de Mlle Dongois avec un jeune cavalier de Fénestrelles. Tout est conclu et le grand ouy se prononcera le 18 du mois prochain ». Boscodon,

28 mai 1753. — « Nous sommes déjà au fait de la manière singulière dont se vengent les mécontents des Crottes, en tout genre ils se déshonnorent... Il y a quelque raison de craindre que notre zèle pour la conservation des bois n'occasionne quelque plus ample vexation. Quoiqu'il en soit, heureux ceux qui souffrent persécution pour la justice », ib., 3 juin 1753 (cachet arm.). — « J'allay visiter, pour la seconde fois, (à Embrun), les archives de la maison de Savine. Je trouvay dans le sac de St-Julien que ce fief confrontoit un combal qu'on veut appeler *Combe de St-Julien*. Je m'attachay moins à cette découverte qu'à la qualité de ce fief ; je vis qu'il étoit delphinal... Combe St-Julien divise le domanial qui est aujourd'hui dans le territoire de (Savine) d'avec le Puy-Sanières. En 1300, ce domanial étoit uni à Savine ». Embrun, 9 juin 1753 ; — au même, par Courrière, prieur de St-Ange : « J'ai apris, ce matin, que Monsr de Voltaire étoit aux abois dans la prison où le détient le Roi de Prusse, et je vous enverrois la lettre que cet auteur écrit, dans ce triste état, au monarque prussien, si je ne sçavois que *la Gazette* ne manque jamais à insérer dans ses feuilles de pareilles pièces ». Grenoble, 7 juil. 1753 ; — par Silvestre, au sujet du procès des « isles » par M. de Ravel, sgr des Crottes. Embrun, 6 août 1753. — « J'ai lu le dernier imprimé de M. des Crottes ; ce n'est qu'une fade répétition, pour me servir des phrases de notre adversaire... M. Fantin, qui étoit chargé de la distribution du sel dans le Queyras, a gagné sans mot dire le Piémont. Sa caution l'a suivy. On garde à vue l'épouze du sr Fantin, et l'on mesure la danrée qui se trouve encore dans le magazin ». Embrun, 12 août 1753. — « Vous mettrez vraysemblablement l'appareil à nos blessures, que les discours des fauteurs *Crotalins* font plus profondes ». Boscodon, 10 sept. 1753. — « Si l'on veut faire de notre affaire une thèze scholastique, il faudra devenir Janséniste, pour avoir l'avantage sur le Moliniste... On ne trouve plus rien icy, à moins que je n'employe les compulsoires et la baguette divinatoire » (sans date).

Envoi de la copie de l'acte d'échange de la montagne de *Fessalau* avec un domaine sis *en Caorgas...* *Donator fuit Tranquerius de Caorgas* (sans date) ; — par Drou : « J'ai mis en usage tous les moyens qui peuvent servir à faire annuller l'arrêt du parlement de Grenoble ». Paris, 21 sept. 1754 ; — « Vous avez été débouté de votre demande en cassation et condamné à l'amende ». Paris, 9 déc. 1754 ; — par Courrière, prieur de St-Ange : « Il n'est plus de juge sur qui nous puissions compter ; tout est favorable à M. des Crottes. Grenoble, 2 janv. 1755 ; — « Piot est retourné triomphant de Ganagobie ». Grenoble, 28 févr. 1755 ; — « Le fameux père André est arrivé ici à la tête de douze capucins, à dessein de convertir Grenoble ; mais sa mission commencée ne manque pas des contradictions, qu'il se plaignoit de ne point trouver à Embrun ». Grenoble, 2 mai 1755 (cachet arm.) ; — par Silvestre à « M. Ronx, chantre de Boscodon, chez Mlle Courrière, veuve, à Grenoble » : « Un plan qui embrasseroit toutte la partie de Montmirail, depuis Colombier jusques à la Durance, expliqueroit, ce semble, victorieusement la santance de Campèze, qui, d'ailleurs, est bien plus décisive et moins fautive qu'une description moderne à pinceau ». Boscodon, 5 juil. [1753] : — « Je dois vous apprendre le voyage d'un cher trio M. le major de La Rochaimont, Dongois et Dalmas,... vendredy dernier, pour Turin... On conjecture que M. le Prévôt aura l'évêché de Glandèves ». Embrun, 7 juil. 1755 ; — « M. des Crottes est donc toujours de mauvaise humeur contre vous et contre moy. Pardonnons-luy ». Boscodon, 11 août 1755, etc.

II. 36. [Liasse.] — 2 pièces, parchemin (dont une incomplète) ; 3 pièces, papier.

1345-1756. — *Prieuré des Baumes à Châteauroux.* — Bail emphytéotique d'une blache, sise à St-André-lès-Embrun, entre deux chemins, en tête et au pied, sans grande utilité pour le monastère de N.-D. des Baumes, de Châteauroux, passé par Guil. Durand, prieur, Guil. Alhaud, Pierre Brun et *Ebredunus* Baile, chanoines du prieuré des Baumes, 1° à Raymond *Provenchi* dit *Raurol*, de St-André, sous la pension annuelle de 7 tournois d'argent à l'O rond et une livre de cire pour l'autel de N.-D. des Baumes ; 2° à Jean Vincent, fils de feu Jean, de Valubaye *(de Vilubaya)*, demeurant à St-André, sous la pension de 21 tournois d'argent ; 3° à Jacq. *Celarort*, de St-André, sous même pension ; 4° à André Leydon, de St-André, sous la pension de 7 tournois d'argent ; 5° à Bompard Élion, de Chalvet, hameau d'Embrun, sous la pension de 14 tournois d'argent ; 6° à Bertrand Eymeric, fils de feu Jean, de St-André, sous la pension de 7 tournois ; 7° à Jacq. Gascon, de St-André... Prieuré des Baumes, 5 juil. 1345 (original et copie ancienne : tous deux incomplets à la fin).

Reconnaissances en faveur du prieuré de N.-D. des Baumes, diocèse d'Embrun, faites, au requis de Pierre *Marellarii*, prieur, Jean Jurami, chapelain, et Jean *Laulandi*, diacre, chanoines conventuels dud. prieuré. Divers habitants de St-André-lès-Embrun, reconnaissent tenir du prieuré des Baumes, au lieu dit *en la Blacha de las Balmas*, sous pension ou cense annuelle, les possessions suivantes : André *Raymundenchi* et *Antonia*, veuve de Marcellin *Raymondenchi*, une vigne, avec maison, à La Blache. cfr. le chemin public au pied, les vignes de Hugues Giraud et de Jacq. Raymondenc, sous la cense de 12 tournois d'argent ; plus, un pré, cfr. les terres de Vincent Laulard et d'Arnoux *Tassilis*, 6 tournois ; — Louis *Tassilis*, f. de feu Pierre, dit *Chat*, une vigne, cfr. la blache de feu Marcellin Raymondenc, les vignes de Pierre *Parmenchi* et de Jean Girard, 3 t. : — Jean Girard, *alias de Ville*, vigne. cfr. celles de Louis Tassilis. de Jacq. Raynaud et d'André *Aymerici*, 3 t ; — *Jacoba Raymonda*, vigne, cfr. celles de Jean Girard. de Vincent *Parmenqui* et d'André *Eymerici*, 3 t. ; — André Eymeric, vigne et terre. cfr. Jacq. *Botoni* et Guil. *Menso*, 3 t. ; — Jacq *Botoni*, id., cfr. André Eymeric et Jean *Dury*, f. de feu Pierre, 6 t. ; — Jacq. *Raymondenqui*, vigne, cfr. celles de feu Marcellin Raymondenc et de Guil. *Menso*, 6 t. ; — Guil. *Menso*, vigne, cfr. celles de Jacq. Raymondenc et d'André *Gasconi*, 3 t. ; — Guil. *Menso*, André *Gasconi*, Pierre *Botini*, Jacq. *Fabri* le vieux *(antiquior)*, Jean Gascon, André *Raymondenqui*, Jacq. Barnabé, Jean *Laulardi*, alias *Jagordin*, Pierre *Guithaudi*, al. *Plasse*, Jacq. *Philipi*, al. *Rex*, au nom d'Esmenjarde, sa femme. Ant. Esmieu *(Esmiui)*, f. de feu *Palarii*, Guil. Meynet, notaire, Jacq. Esmieu, *al. Gardon*, *Guillelma*, veuve de Jacq. Bérard.. Jean Aymeric. Jacq. *Tassilis*, f. de feu Jean, et Vincent *Parmenchi* font des reconnaissances semblables. Tous devront payer la dîme des possessions susdites dans la Blache même, et ne pourront vendanger sans la permission du prieur. Tém. frère Jacques de St-Maximin, *de Salmaylaniis* (?), donné dud. prieuré, Ant. *Philipi*, de Cervière *(de Serceria)*, Simond Truchet, le jeune, du Puy-St-Eusèbe, et Jean Lagier, fils d'André, de St-André ; Guil. Meynet *(Mayneti)*, not. Les Baumes, dans l'église de N.-D.. 9 mars 1379/80 (à l'incarn.).

Le 6 sept. 1380, en présence de Hugues du Palais *(de Palacio)*, prieur de St-Alban. diocèse de Bâle *(Basilien.)*, vicaire général spirituel et temporel d'Embrun, délégué par le St-Siège apostolique, Pierre *Macellarii*, prieur de N.-D. des Baumes, demande confirmation des reconnaissances susdites. Ledit vic. g., après examen des privilèges et des bulles pontificales concernant le prieuré des Baumes (*visis... quibusdam privilegiis seu bullis papalibus dictum prioratum de Balmis tangentibus*), donne son approbation. Tém. n. et sage Pierre *Raynaudi*, licencié ès lois, juge de la terre archiépiscopale, n. Hugues Bérard et Lantelme Martin, bailes à Châteauroux pour l'archevêque, Guill. Meynel, d'Embrun, not. impér. Embrun, maison archiépiscopale, *in magna aula sive tinello* (original et mauvaise copie). — Notes relatives au procès existant entre les habitants de St-André-d'Embrun et les jésuites du collège d'Embrun, au sujet des possessions susdites de la Blache, 16 juin 1756.

H. 37. (Liasse.) — 12 pièces, papier ; 2 pièces parchemin.

1744-1756. — *Procès avec le s^r de Ravel*, etc. — Pièces du procès entre l'abbaye de Boscodon et le s^r de Ravel, seigneur des Crottes, au sujet de la garenne et des îles de Montmirail. — Requête au Parlement par Victor-Amédée de La Font de Savine, abbé de Boscodon, afin d'obtenir des communautés de l'Embrunais et de divers notaires des extraits établissant les droits de son abbaye (14 janv. 1744). — Commandements : à Jacq. Dioque, lieutenant particulier au bailliage de l'Embrunais, « en qualité de dépositaire des papiers de la maison de Savine », d'avoir à communiquer à l'abbé de Boscodon « les actes concernant l'isle, garène et combes » de Montmirail et lieux voisins, 21 janv. 1754 ; — aux consuls des Crottes, idem, 13 mai 1755. — « Précis pour M. l'abbé de Boscodon... contre M. de Ravel, sgr des Crottes et de Montmirail » : « La terre des Crottes et celle de Montmirail forment deux seigneuries différentes : la première est patrimoniale et la seconde, du Domaine... M. de Ravel les acquit toutes deux en 1724 ; mais cette acquisition ne luy valut sur Montmirail que la justice, le Roy n'y ayant point de directe. et les autres droits régaliens, même celluy de la chasse, ayant été inféodés par les Dauphins aux habitants, moyennant 30 sols de redevance... L'église et le monastère de Boscodon se trouvent dans la terre de Montmirail, qui est entrecoupée de trois ruisseaux, portant leurs eaux à celluy de l'Infernet : le 1er et le plus élevé du collé de la montagne s'appelle *Bragous* ; le moyen s'appelle *Colombier*, et c'est entre ces deux-là que sont les bâtiments de l'abbaye ; le 3e s'appelle *Combe Gerouard*,

y ayant au-dessous les habitants qui font censes au monastère, sans qu'aucun d'eux doive aucune redevance à leur seigneur jurisdictionnel ». Le terrain contentieux est au couchant de l'Infernet « et par conséquent dans le territoire de Montmirail », au-dessous de *Serre Gardette*, « tirant droit à la Combe de St-Jullien, qui est de l'autre collé de la Durance, dans la terre de Savine, tout vis-à-vis d'une autre combe qui est dans la terre de Montmirail, appelée *Combe d'Or*, etc. (29 mars 1753).

Copie de l'arrêt du Parlement qui condamne Boscodon à « délaisser à M. de Ravel, sgr des Crottes, la garenne » de Montmirail. Grenoble, 2 sept. 1755. — Signification dud. arrêt, de la part de Lazare de Ravel, sgr des Crottes, à l'abbé de Boscodon (26 oct. 1755) et fixation des dépens, à payer par l'abbaye aud. sgr des Crottes, à la somme de 12.72 l. 8 s. Grenoble, 11 oct. 1755. — Consultation par trois avocats de Paris, Roane ?, Bronod et Bouloux, sur l'appel que l'abbaye de Boscodon « vouloit faire au Grand Conseil, de l'arrêt rendu contre elle en 1755 », 2 sept. : « Ces bois que les commissaires de la Marine viennent marquer, de tems en tems, et qui sont propres aux constructions des vaisseaux, ne peuvent être laissés sur pied, faute de débouchés. L'intérêt public s'y oppose. Le chemin qui règne tout le long du ruisseau Infernet et qui traverse la garenne contentieuse est un chemin public, qui ne peut être fermé par M. de Ravel, sous quelque prétexte que ce soit », etc. Paris, 22 janv. 1756. — Copie de la requête au Parlement par Lazare de Ravel, sgr des Crottes, afin d'empêcher l'abbé de Boscodon de traverser sa garenne, 20 mars 1756.

H. 38. (Liasse.) — 19 pièces, papier.

1256-1758. — *Procès avec les Jésuites d'Embrun.* — Extrait de l'acte par lequel Abel de Soutereau, abbé de Boscodon, accorde au père Franç. Laborey, recteur du collège des Jésuites d'Embrun, le prieuré du St-Sépulcre de Chorges, afin de tenir lieu de la pension de 150 l. promise le 6 mai 1605, lors de la fondation dudit collège (m^e Jame, not. d'Embrun). Tém. Jean Sibon, de Bas en Forès, « à présent écolier aud. lieu d'Embrun », et Benoît Laurans, f. de feu Jean, de St-Sauveur. Embrun, dans le susdit collège, 19 oct. 1624. (Ext. par Louis Jame, détenteur des minutes dud. not., au requis d'Ant. Silvestre, prieur de La Blache, économe de Boscodon, 25 août 1758.) — Pièces d'un procès entre Boscodon et les

Jésuites d'Embrun, devant le Parlement, au sujet des fonds dépendant du prieuré des Baumes de Châteauroux, sis au-delà de la Durance, à St-André-lès-Embrun : le syndic des Jésuites prétendait que Boscodon devait garantir le payement des sommes qui figuraient dans l'acte de fondation du collège, du 6 mai 1605. Le syndic de Boscodon soutenait que le « collège jouit de rentes beaucoup plus considérables que celles que les fondateurs luy ont promis, qu'il n'y a point de garentie entr'eux et que chacun des fondateurs ne répond que de son assignat » (3 mai 1757).

Mémoire pour les Jésuites contre la ville d'Embrun et l'abbaye de Boscodon. Suivant un acte du 30 juin 1255, le prieuré des Baumes « dépendoit du chapitre de la métropole », et il a été attribué au collège des Jésuites pour un revenu de 1.000 l. en diminution des 4.000 l. accordées pour sa fondation ». Extrait de l'assemblée capitulaire des chanoines d'Embrun de 1256, vendredi après la fête de S. Pierre et S. Paul (30 juin). Présents, à Châteauroux, église de S. Marcellin : Jacq. Serène, prévôt, Raimbaud, sacriste, Pierre de Verdun, chantre, Hugues *Marculpho*, archidiacre de Digne, Pierre Agnel, Jacq. Rolland, Gui *de Valle Carii*, et Porcelletus, chanoines. Ils déclarent que l'église des Baumes est vacante jusqu'à ce qu'un prieur nouveau soit élu par les chanoines des Baumes, en remplacement du prieur malade et aveugle (Registre Mandagot). Le 20 nov. 1328, à Boscodon, présents : l'abbé, Hugues d'Ancelle, prieur claustral, Isnard du Lauzet, Lombard Marcellin, chantre, Henri *de Scarenas*. Ils se rendent au prieuré des Baumes et ordonnent au prieur de payer 100 tournois ; puis, ils visitent l'église de St-Saturnin. Suit l'inventaire de 65 dossiers produits au procès par les Jésuites (18 mai 1757). — Inventaire des documents présentés par Boscodon (8 juin 1757). — Procuration par Victor-Amédée de La Font de Savine, « seigneur du marquisat de Savine, Puy-St-Euzèbe, Désert et Châtillon, abbé commendataire de l'abbaye royale N.-D. de Boscodon », à Jacq. Silvestre, prieur de lad° abbaye, afin de terminer les différends avec les Jésuites, par la médiation de M. de Vaulx, président au Parlement, et de l'évêque de Grenoble, arbitres. Présents : Roux, chantre, [Louis-Franç.] Davin, cellérier, Silvestre, camérier, P. Sainct, Silvestre, économe, L'Ange, Dalmas, prieur de Ste-Croix, Allard, R. Servel, religieux. Tém. Jean-Franç. de Baile de Baratier et Pierre de Renard

de *Voyodemar* ; C. Jame, notaire. Boscodon, 17 juin 1757.

« Bref avertissement pour le sindic de religieux de l'abbaye de Boscodon contre le sindic des R. P. Jésuites d'Embrun » : « Cette abbaye ne dépendit jamais du chapitre de la métropole... Elle ne dépendoit que des archevêques... L'acte du 20 nov. 1328... prouveroit tant seulement que le chapitre [des Baumes] vouloit exiger quelque redevance de l'abbaye, à titre d'aide et de secours, *titulo adminiculi* ». L'établissement des Jésuites à Embrun, « ménagé depuis 1583, sans consulter l'abbaye, fut enfin consommé en 1605, par un acte du 6° may, où il paroit qu'on engagea M. l'abbé de Boscodon d'accéder, sans avoir au préalable rien communiqué aux religieux de son abbaye ». Signé, Barthelemi (5 août 1757). — Notes diverses, suivant lesquelles : le prieuré du St-Sépulcre de Chorges possède 9.072 toises de bon terrain qui ont produit 459 l. 5 s. (23 juil. 1757) ; — le prieuré de La Blache ne dépend nullement de celui du St-Sépulcre. Il fut « donné immédiatement par un noble de Chorges, en 1295, au mois de mars », avant la destruction des Templiers, qui est de 1311 ; — l'union du St-Sépulcre au collège eut lieu en 1614 ; — les revenus du collège sont de 8.000 l. (1757).

H. 39. (Liasse.) — 24 pièces ou cahiers, papier ;
1 pièce, parchemin.

1204-1759. — Documents divers. — Transaction entre Claude d'Arces, abbé de Boscodon, et les habitants de St-Sauveur et de Baratier, au sujet des pâturages de *Costos Parios*, *Costos Giraudos*, *Femorassio* et *Actoino*, depuis longtemps objet de litiges. Tém. n. Simon Reymond, m° Ét. de Pignan, not., Barthél.-Adrien *Jarrani*, d'Embrun ; Guigues Brunet, not. Embrun, maison de feu Jean d'Eymonet, 18 mars 1493 (à Noël). — Transaction entre Gui de Feugières, abbé de Boscodon, et ses religieux, au sujet du bon ordre de la vie monastique, de la vente des bois, des bois de chauffage, du vestiaire, des maladies des religieux, etc. Présents : Jacq. de Rousset, prieur claustral, Barthél. de Rousset, sacristain, Jérôme Mathieu, Claude de La Font, chantre, Claude *Bethonis*, cellérier, Jean Rostan, Pierre Allard, recteur de l'hôpital de La Bâtie-Neuve, Franç. de Beaumont, recteur de La Conche, Ét. Roche, prieur de N.-D. de Puyrond (*Podii rotundi*), Jean Chapoton, prieur de N.-D. de La Blache,

Isnard Rame, Ant. d'Orsière, prieur de St-Marc, Ét.
Charriol, moines. Tém. n. Claude de Feugières, sgr
de *Bascalog* (?), Jean Baile, sgr de St-Disdier, Ant.
Merberii; Barthél. Garcin, prêtre, d'Embrun, notaire, et Michel *Falconis*, aussi not. Boscodon, chapelle de St-Firmin, 23 août 1520 (trois copies des
16 mai 1550, 16 oct. 1575 et 5 janv. 1778). — Extrait
des reconnaissances delphinales, reçues par Pierre
Firacati, not. de Grenoble, pour Montmirail, paroisse des Crottes, le 27 août 1532; Pierre *Sacherii*,
consul de Montmirail, Pierre Fortoul (*Fortulie*),
conseiller, Ant. Paris, consul des Crottes, et Raymond Bérard, conseiller dud. lieu, déclarent que le
Dauphin est sgr de Montmirail, dont le mandement
est limité par le Barnafred, Morgon, la Durance et
l'Infernet, et dans lequel se trouve l'abbaye de Boscodon. Tém. Jacq. Bernard, de Montmirail, Martin
Vachier et Claude *Falconis*, des Crottes, et Durand
Chalvin, not. d'Embrun. (Extr. par Chuin, greffier en
chef de La Chambre des Comptes, 16 mars 1753.) —
Informations contre Marcellin Chollier et autres habitants des Crottes, qui avaient commis des dégâts
dans les prés de Boscodon, coupé des arbres, injurié les religieux et, en particulier, Mathieu Garcin,
cellérier, etc. Simon Rambaud, huissier, Jacq. Gobaud, notaire d'Embrun. Boscodon. 11 mai 1545. —
Requête au Parlement par Mathieu Garcin, cellérier
de Boscodon, au sujet des violences susdites (21
mai 1545). — Ordre d'informer, au nom de « François,
duc d'Estouteville, comte de St-Pol, gouverneur et
lieut. gén. pour le Roy en Dauphiné ». Grenoble, 22
mai 1545.

Accord entre Jean de La Croix, écuyer, frère et
procureur de Nicolas de La Croix, abbé commendataire de Boscodon, et les religieux de cette abbaye.
« Les religieux cèdent à M. l'abbé et à ses successeurs le droit que le Ve chapitre a de faire faucher
le foin qui croît aux prez réservés de la montagne
de Morgon, Tronchet et Moin, au bois de Bragous
et le Clot Joubert, à la montagne et bois de Cha-
lauce. Le sr abbé donne en échange la propriété
de la montagne et forest de la Chalancie, ainsi
qu'elle est limitée au présent acte. Il donnera aud.
chap. six écus pour chaque radeau de bois d'haute
futaye, selon la coutume, et pour les vinages dûs à
l'église. Il se charge de l'entretien de l'église ornements, etc. Au moyen de quoy, led. chapitre et religieux, présents et advenir, ne donneront aucun
empêchement à la coupe du bois d'haute futaye,
conformément aux transactions ». Présents: Albert

de La Font, grand prieur, Franç. de Mailles, sacristain, Isoard (*sic*) de Rame, chantre, Jérôme Mathieu,
cellérier, Barthél. de Roussel, camérier, Jean Rostan, Ét. Roche, prieur de N.-D. de Pont-Rond, Pierre
Allard, recteur de La Bâtie-Neuve, Jean Chapoton,
prieur de La Blache, Ét. Charriol, moines. Tém.
Aynard de Roussel, écuyer, sgr de Roussel et cosgr
du mandement de Savine, Thomas de Navaisse,
écuyer, sgr du Puy-Sagnières, Benoit de La Font,
écuyer, cosgr du mandement de Savine: Claude
Flane (*Albi*), not. Boscodon. 15 juil. 1551 (2 copies).
— Bail à ferme de la grande montagne de Boscodon
et de celle de Morgon, par n. Jacq. Magnan, écuyer,
des Mées, en son nom et à celui de Jos. Trèse, sr de
Montlaur, fermiers du prieuré de Paillerols, à Honoré Castellar, « baille de l'avérage de Pierre Isnard
et Clémens Authemand », procureurs de Palamède
Mare, sr de Châteauneuf, et Guil. Martinon, « mes-
nagier, de Salou, pour un an, au prix de 80 écus,
2 quintaux de bons fromages: Jean Salvayre, not.
Les Mées, 20 avril 1581. — Mémoire pour Claude
Peyron, camérier de Boscodon, contre Balthasar
Arnaud, de Seyne, afin d'en avoir le payement de
67 écus, prix de la ferme de Seyne, durant 3 ans
(14 août 1593). — Limites de Pré Lambert, au terroir
de Chorges, « du long du chemin tendant à la rivière
de la Durance » (1625). — Reconnaissances en faveur
de Boscodon par André et Louis Fortoul de deux
terres sises à Montmirail, lieux dits à La Rochelle
et « au-dessous led. mas de Montmirail », cfr. le
chemin public du côté de Durance, 16 avril 1625. —
Fragment d'un compromis entre Guy Gras, camérier de Boscodon, et le sr Vachier, baile du sgr de
Baratier, au sujet de deux champs sis « au mas du
Drouveilh » (1657).

Conventions entre Boscodon et le prévôt d'Embrun, Pierre Albert, et les habitants des Crottes, au
sujet des pâturages. Les religieux de Boscodon
auront la liberté de faire paître leurs troupeaux
depuis le torrent de l'Infernet jusqu'à celui de Vachères, en conformité des documents de nov. 1204,
18 juin 1274, 1315, 11 oct. 1347, transcrits à la suite
de ces conventions (27 févr. 1711). — Croquis « du
Clot des Verds, situé su dessus le pont de Clot Joubert... dans lequel Clot des Verds le sgr des Crottes
vouloit permettre la construction d'un moulin, pour
soy le rendre tributaire, au préjudice de Boscodon,
propriétaire et possesseur de tout le terrain y dési-
gné... auquel s'opposa le prieur de St-Maurice par
la production du titre de Boscodon: *Ego Imbertus*

cum matre mea domo Boscaldonensibus fratribus, etc. (1710). — Bail à ferme du domaine de *Pra Crousel*, d'une terre à *La Salette*, pour 6 ans, par Jacq. Silvestre, procureur de Boscodon, à Joseph Tausan, f. de feu Louis, des Crottes, au prix de 18 l. par an. Boscodon, 3 nov. 1720. — Pouvoir à Franç. Martin Roux, religieux, de faire arrestation de la pension due par la ville des Mées, pour la subsistance des religieux de Boscodon, à cause de la maladie dangereuse de Sébastien Bernard, cellérier, 8 janv. 1731. — Lettre à dom Silvestre, camérier de Boscodon, par Joly, au sujet des procès « contre les particuliers de Roussel », contre la comt° de Chorges, à propos du « fonds de *La Clasire* ». Grenoble, 27 août 1744. — Bail à ferme par Jos.-Franç. Silvestre, camérier et vic. g. de Boscodon, à Jos. Imbert, f. de feu Esprit, des Crottes, des terres sises au Mézelet des Crottes, mas de *Cougourde* ou *pré Margot*, au mas de *La Piarre*, au mas des *Merles* ou Les *Saignes*, pour 9 ans, moyennant 18 l. par an. Boscodon, 26 juin 1746. — Transaction entre Boscodon et Pierre-Hyacinthe Lazare de Ravel. Celui-ci autorise le passage des bois de Boscodon à travers sa garenne afin d'en former des radeaux sur la Durance, moyennant 3 l. par radeau de 24 pièces ou la « frégate de 12 », outre une somme de 36 l. une fois payée. Tém, Jean-Jos. Blanc, de Briançon, Laurent Gay, de Bellecombe. Présents, l'évêque de Gap, Moynier du Bourg, not. Gap, palais épiscopal, 2 janv. 1759.

H. 40. (Liasse.) — 27 pièces, papier; 2 cachets plaqués.

1750-1759. — *Procès des îles de Montmirail.* — Pièces du procès de Boscodon contre M. de Ravel, sgr des Crottes, au sujet de la garenne et des îles qui bordent la Durance près du torrent de l'Infernet. — Mémoire suivant lequel les titres de Boscodon sont : le traité de nov. 1204 entre le monastère, le prévôt d'Embrun et divers habitants des Crottes ; le compromis du 7 mars 1278 ; le bail emphytéotique du 18 juin 1274 par Hélène, veuve de n. Pons Albert, de Savine, à l'abbaye de Boscodon ; défense de chasser dans les îles, du 10 févr. 1304 ; sentence du 22 janv. 1314 contre quelques chasseurs ; don à l'abbaye des îles que possédait Étienne Fulcon, le 2 juin 1343, etc. Signé : Barthélemy. Grenoble, 22 janv. 1750. — Autre mémoire, d'après lequel « les titres ont été confirmés par des arrêts du Parlement en 1610, 1628 et 1723, qui ont donné à Boscodon tous les bois depuis la sommité des montagnes jusques

à la Durance, séparées par le ruisseau d'Infernet qui fait la limite de leur terrain » (sans date). — Id. par « M. [Jacq.] Silvestre, économe, aujourd'huy grand prieur » (id.). — « Consultation pour les isles des Crottes » : les propriétés de M. des Crottes se terminent au torrent de l'Infernet. Grenoble, 28 févr. 1750 (au dos : taxé 9 l. 12 s. Pour le voyage de Dom Chantre, avec un cheval et un domestique, pour dépense de 8 jours, un fer et un licol, 44 l. 17 s. »). — Autre consultation par Barthélemy et La Salette, en faveur de « M. l'abbé de Savines ». Grenoble, 17 déc. 1751.

Requête à la Chambre des Comptes du Dauphiné par dom Franç.-Martin Roux, chantre de Boscodon, afin d'obtenir un extrait de l'hommage rendu, le 5 sept. 1541, par Gaspar de Chabassol, pour ce qu'il possédait dans le mandement de Savine (20 août 1755). — Copie dud. hommage rendu par Gaspar Chabassol, d'Embrun, par-devant Soffrey de Chaponnay, président des Comptes. Grenoble, 5 sept. 1541. (Extr. par Chuin, « écuyer, conseiller, secrétaire du Roy, maison couronne de France, greffier en chef en la Chambre des comptes de Dauphiné », 20 août 1752.) — Extrait des cadastres du 23 mars 1678 et du 4 oct. 1749, au requis de Jos. Servel, religieux de Boscodon, agissant au nom de Victor-Amédée de La Font de Savine, abbé commendataire de Boscodon, par Joseph Borel, secrétaire de la comt° des Crottes, pour servir dans les contestations avec Lazare de Ravel, sgr des Crottes, conseiller au parlement d'Aix, présente Élisabeth de Luguet, épouse dud. sr de Ravel, assistée de Jos. Allard, avocat, juge des Crottes, 15 mai 1755 : terres à La Gardette, à La Cheytte, dessus que de Dame. — Consultations à ce sujet : par Barthélemy, Joubert La Salette et Chièze. Grenoble, 12 sept. 1755 ; — par Bontoux. Paris, 6 oct. 1755 et 4 avril 1756.

Lettres à dom [Franç.-Martin] Roux, chantre de Boscodon, par Courrière, prieur de St-Ange, de Grenoble : M. Bontoux n'est pas d'avis d'acheter le domaine de Montmirail. « Mme de Savine sera samedi prochain à Grenoble... Elle est accompagnée de M. son fils le Gouverneur ». Paris, 4 oct. 1755. — « Je rouvre ma lettre aujourd'hui 18 [nov. 1755], pour vous apprendre la naissance d'un nouveau prince, dont a accouché Mme la Dauphine, dans la nuit du 16° au 17° et à qui on a donné le nom de comte de Provence ». Paris, 15 nov. 1755. — « C'est un gouffre que ce païs, et l'on est étonné que j'y subsiste sur un pied assez honnête, comme je le fais, sans me

ruiner de fond en comble ». Paris, 18 nov. 1755 ; —
à | Ant.¹ « Silvestre, prieur des Blaches, économe »
de Boscodon, chez les Récollets à Grenoble, par
Courrière ; « M. des Crottes est un adversaire bien
inhumain ; il me rappelle ces Nérons qui gouttoient
les plus vives douceurs dans la vengeance la plus
cruelle... Il faut ici beaucoup de charlatanerie, et ce
n'est pas trop mon talent ». Paris, 25 nov. 1755. —
« Vous aurez la bonté de me faire rendre l'argent
qu'il (le procès) m'occasionne... n'ayant ni sol ni
maille depuis 15 jours, étant endetté chez mon
hôtesse et n'ayant pas de quoi me faire faire une
soutane d'hiver ». Paris, 18 déc. 1755 (sceau plaqué,
portant l'empreinte d'un buste de femme tournée à
gauche) : — notre archevêque « est la meilleure personne du monde ». Paris, 3 janv. 1756. — « État des
sommes payées par M. le grand prieur à l'occasion
du procès entre M. l'abbé et religieux de Boscodon,
contre M. de Ravel des Crottes », dès oct. 1754.
Total. 1.064 l. 17. — Quittance de 36 l. à dom Roux,
chantre de Boscodon, par Agnel. Embrun, 20 avril
1759. etc.

H. 41. (Liasse.) — 20 pièces, papier ; 5 pièces, parchemin.

1263-1761. — *Prieuré de La Couche.* — « Le
prieuré de La Couche, dépendant du monastère de
St-Michel de La Cluse, de l'ordre de St-Benoist, au
dioc. de Thurin, a été uni et incorporé à perpétuité
au couvent et monastère N.-D. de Boscodon, de
l'ordre de St-Benoist, au dioc. d'Ambrun, le 10
d'apvril 1419, par bulle expresse de Martin V, exé-
cutée par le sr prévost d'Oulx, commissaire apostolique, le 22 déc. 1422, du depuis confirmée par aultre
bulle de Martin V, du 16 févr. 1424, en suitte du
consentement exprès et réciproque desd. srs abbés
de La Cluse et de Boscodon par acte du 18 juil. 1425.
La cause principale de lade union est la pouvreté
dud. monastère de Boscodon, de sorte que *in sus-*
tentationem abbatis et monachorum dicti monasterii,
les papes se sont portés à lade union dud. prieuré
de La Couche aud. monastère de Boscodon ». Ce
prieuré n'est pas conventuel. « Quoyqu'on y voye,
pour le jourd'huy, les fons baptismaux, le cimetière
et le reste des marques de l'église parrochielle », et
bien que l'archevêque d'Embrun, en sa visite de
1633, ait prescrit au prieur de La Couche de dire la
messe les dimanches et fêtes, le prieur n'a « pas
charge de la cure des âmes ». Les revenus sont de
200 l. environ (XVIIe siècle). — Déclaration par Jac-

ques, prieur de La Couche, et par Raymond Bernard. damoiseau, de Savine, possédant, l'un les 2/3
et l'autre 1/3 du mas sis au Puy-St-Eusèbe *(apud*
Podium de Sabina), dit Mas Boufier *(Mansus Bolfe-*
rius), suivant laquelle ils invertissent les habitants
dud. mas de tous les biens qu'ils avaient perdus par
leur négligence à payer leurs dettes annuelles, et
ce moyennant 25 l. de Viennois. La Couche, 1er juil.
(cjª die dominica proxima post festum beati Johannis
Baptiste) 1263. Le prieur susdit et l'abbé de St-Michel
de La Cluse approuvent par l'apposition de leurs
s:eaux. Abbaye de La Cluse, 5 juin 1264. — Quittance de 20 fl. par le fermier du monastère de St-
Michel de La Cluse à l'abbé commendaire de Boscodon, pour la pension due à l'infirmier de La Cluse.
Tém. Jean *Tavernerii,* de Savoie, maréchal ferrant.
Michel *Corrara.* forgeron, Guil. Rual, de *Val-Judea*
propre monasterium Sti Michaelis ; Bernardin *de*
Bruna, de Sant-Ambrogio, not. impér., Sant-Ambrogio, 16 oct. 1508, indict. 10ᵉ.

Reconnaissance par Esprit Michel, f. de feu Claude,
de St-Apollinaire, au cellérier de Boscodon, d'un
champ à Prunières, près du torrent de St-Denis,
sous la cense d'une pite et 1/2 civayer de blé à la
Toussaint, 4 avril 1556. — Ordonnance du gouverneur de Dauphiné « Louis de Bourbon, comte de
Soissons », qui réintègre le cellérier de Boscodon
dans les biens aliénés précédemment et malgré la
prescription. Grenoble, 30 juin 1622. — Mémoire au
sujet de l'union du prieuré de La Couche à l'abbaye
de Boscodon, ou soit-il en faveur de n. Franç. de
Santereau, abbé dud. Boscodon, contre Annibal
Roux, qui prétendait se maintenir en possession
dud. prieuré de La Couche, qui avait été confirmé à
Boscodon, le 10 nov. 1427, pour la 2de fois, par procédure du prieur des Baumes (XVIIe siècle). — Vérification, au requis de Pierre Martin, chantre et syndic
de Boscodon, par le juge Vial, subdélégué d'Embrun, du cadastre de Chorges, au sujet du Pré la
Clastre, à St-Denis de Chorges, 10 janv. 1701. — Baux
à ferme par Franç.-Charles Barthélemy, prieur de
St-Marc, à Jacq. Augier, fils d'André, de Chorges, du
domaine de St-Denis, pour 8 ans, au prix de 70 l. par
an, 22 mai 1716. — Baux à ferme : par Sébastien
Bernard, cellérier de Boscodon, à Noël Blanc, f. de
feu Jean, de La Couche, terroir de Prunières, d'un
pré, sis à Chorges, mas de Pra Lambert, pour 4 ans,
au prix de 15 l. par an, 21 mai 1718 ; — par Jos.-Franç.
Silvestre, camérier de Boscodon, à André et Louis
Augier, père et fils, de Chorges, d'un domaine sis

au mas de St-Denis, pour 8 ans, au prix de 25 l. et 2 paires de poulets, chaque année, 11 août 1725 ; — par le même, à André Augier, f. de feu Jacques, dud. domaine, pour 9 ans, au prix de 140 l., deux paires de poulets et deux chapons, chaque année, 23 août 1733. — Promesse par les habitants de La Couche à l'abbé d'Hugues, prévôt du chapitre d'Embrun, de placer une cloche en l'honneur de S. Michel dans le clocher de l'église de La Couche, de la dépendance de Boscodon, 29 juin 1739. — Bail à ferme par Jos.-Franç. Silvestre, camérier de Boscodon, à Jos. et Claude Durand, frères, fils de feu Claude, de Chorges, du domaine de St-Denis, pour 9 ans, au prix de 170 l. par an. 12 mars 1742.

Déclaration par le camérier de Boscodon à Jos. Augier, receveur des tailles de Chorges, qu'il refuse de payer les tailles du Pré la Clastre, exempt de toutes impositions, en vertu de la dotation du prieuré de La Couche de l'an 1027. Chorges, 3 juil. 1743. — Bail à ferme par Franç. Gerbier, marchand de Guillestre, procureur de Jos.-Franç. Silvestre, camérier de Boscodon, à Pierre Moysset, de Guillestre, d'une vigne sise à Guillestre, quartier de St-Sébastien, cfr. le chemin de La Chalp en tête, etc. de la dépendance de la camérerie de Boscodon, pour 6 ans, au prix de 15 l. par an, 10 mars 1746 ; — par led. Silvestre, à Ant. Dufour, aubergiste de Guillestre, de la vigne susd°, pour 9 ans, au prix de 20 l. par an, 7 mai 1748 ; — par le même, à André Durand, f. de Pierre, de Chorges, du domaine de St-Denis, y compris le pré de La Clastre, pour 9 ans, au prix de 150 l., 7 mars 1750. — Commandement, sur requête de Victor-Amédée de Lafont de Savines, abbé de Boscodon, par le Parlement aux consuls de Chorges de produire les cadastres, nobles et roturiers, anciens et modernes, qui pourraient intéresser Boscodon. Grenoble, 27 févr. 1750. — Bail à ferme par Jos.-Franç. Silvestre, camérier de Boscodon, à Ant. Dufour, aubergiste de Guillestre, de la vigne de St-Sébastien et autres fonds, pour 9 ans, au prix de 15 l par an, 11 nov. 1756 ; — par Ant. Silvestre, grand prieur de Boscodon, à André Durand, f. de feu Pierre, et Charles Masson, f. de feu Henri, de Chorges, du domaine de St-Denis, pour 9 ans, au prix de 150 l. par an, 7 juin 1761, etc.

H. 42. (Liasse.) — 30 pièces, papier.

1516-1761. — *Prieuré de Paillerols.* — Baux à ferme par Claude d'Arces, abbé de Boscodon, prieur de St-Honorat de Paillerols, diocèse de Riez *(Regien.)*, à Honorat Ferrier, marchand de Riez, des revenus du prieuré de Paillerols, des biens de Brunet, des montagnes de Morgon, pour 6 ans, au prix de 660 florins chaque année et sous diverses clauses. Tém., n. Jean Martin, baile des Mées, n. Boniface Brunet, Julien Crugi, not. Les Mées, 10 oct. 1516. (Extr. par Honoré Salvator, not. de Riez, au requis de Philippe Rolland, religieux aud. prieuré de Paillerols, agent de l'abbé Abel de Sautereau. Visa par Bernardin Laurens, lieut. de juge des Mées, 28 déc. 1606.) — Quittance de 102 *francs* valant 170 florins de Dauphiné, par Jean de La Croix, au nom de Nicolas de La Croix, abbé commendataire de Boscodon (procuration du 21 juin 1546), à Jean Roux, de *Puimison*, berger et baile de Franç. de Vintimille, écuyer et sgr de Montpezat, et de Guil. Alibert, de Riez, berger d'Ant. Forbin, écuyer, et cosgr de Riez et de Masan, pour la ferme de Morgon. Boscodon, 19 août 1546. — Sous-arrentements de la montagne de Morgon : par Jean Peyrache, marchand des Mées, au nom de son frère Georges et de Claude Moret, not. de Volone, fermiers du prieuré de Paillerols, à Vincent Dalmas et Laugier Arnoux, bergers d'Istres, procureurs de Jean Magnan et de Jean Vincent, dud. lieu d'Istres, pour l'année présente, au prix de 160 fl., « franc de cabane et molon », 13 mai 1573 ; — par Jos. Crose, sr de Montlaur, et Jacq. Magnan, écuyer des Mées, fermiers de Paillerols et de la grande montagne de Boscodon, à Honoré Morel, baile d'Alex. de Damiens, écuyer, sr de Vendôme, pour 50 écus d'or sol et un quintal de fromage, la présente année, 2 avril 1582. — Bail à ferme des montagnes de Morgon et la Chalance par Abel de Sautereau, abbé de Boscodon, à Ét. Bellon, d'Embrun, pour l'année présente, au prix de 80 écus. chacun de 60 sols, 16 avril 1602.

Requête au Parlement par led. abbé, afin d'être remis en possession de la montagne de Morgon, usurpée par les habitants des Crottes (28 août 1620). — Mémoire en faveur des Crottes, 4 nov. 1620. — Évocation de l'affaire par-devant Ennemond Fustier, sr de La Rochette, consr au Parlement (déc. 1620). — Cahier (incomplet) contenant la « description des bâtiments de Paillerols en divers temps ». En 1668, il est dû par le fermier au religieux qui fait le service du prieuré : 5 charges de froment, 40 coupes de vin et 54 l. en argent ; il jouit de la maison et d'un jardin, de la moitié du pré du Prieur. Le fermier devra faire planter 60 oliviers pour une fois. Sisteron, quartier de la Sonnerie, logis du *Mouton*. Tém. Ant. Blache, chan., et Jean-Louis Isnard; Allibert, not. (v. 1688). — Rapport par Jacq. Beraud, prêtre, sous-prieur de Paillerols, sur les réparations faites aux bâtiments du prieuré. 1er mai 1673. — « Contrat de mégerie » ou à mi-fruits du domaine de Paillerols, entre Pierre Pélissier, bourgeois de Salignac, et Franç. Escangon, marchands de Sisteron, fermiers dud. domaine, et Michel et Jean Arnoux, père et fils, des Mées, pour 6 ans. Les Mées, logis où pend l'image de N.-D., 5 mai 1678. — Citation à comparaître à Aix à Claude Salvator, not., trésorier des Mées en 1675, Jean Marin, trésorier en 1677, et J.-B. Chais, trésorier en 1678, afin de solder les impositions dues par le domaine de Paillerols. 25 juil. 1678.

Procuration par les religieux de Boscodon à Paul Alphand, procureur aux Mées, pour exiger de la comm. des Mées la somme de 3.570 l. et capital, due par les héritiers de Pierre de Beraud sur le péage des Mées et dont la comm. des Mées s'était chargée. Présents: Jos. Silvestre, d'ès droits, grand prieur et supérieur claustral, Et. Reimond, sacristain, Sébastien Bernard, cellérier, Ant. Silvestre, chantre, Jean Hendre, Jean Silvestre, prieur de Ste-Croix, prêtres; Claude Goudel, Jean-Barthél. Alphand, Jean Michel et Jean Miolton, tous religieux. Boscodon, 2 févr. 1706. — Constitution de 250 l. de pension sur la Ville des Mées par Paul Alphand, procureur de Boscodon, moyennant le capital de 5.000 l. Tém. J. Jean Geoffroy, procureur du Roi à Sisteron, Franç. Bucelle, not. et procureur à Digne. Les Mées, 27 janv. 1707. — Prolongation du « Ripert de la rémission de Paillerol », par l'abbé de Savine. Boscodon, 5 août 1775. — Quittances de 72 l. par Cauvin, chan. économe du chapitre de Sisteron, à l'abbé de Savine, « pour la contribution du service de la paroisse des Mées ». Sisteron, 23 déc. 1745; — de 72 l. par Thoynon, chan. et économe du chapitre de Sisteron, « pour la contribution au service de la paroisse des Mées ». Sisteron, 15 févr. 1747. — Procuration par Jean Jos. Sarnel, marchand de Manosque, à Jos. Bernard, de la même ville, pour affermer le domaine de Paillerols. Les Mées, 3 févr. 1761. — Bail à ferme des biens de Paillerols, de la dépendance de l'abbaye de Boscodon, par l'évêque de Senez, abbé de Boscodon, à Jos. Bernard, de Manosque, pour 6 ans, au prix de 5.700 l. chaque année et autres clauses. Tém. Franç.

Rochebrune, bourgeois, et Jean-André Esmieu. Les Mées, 6 févr. 1761, etc.

H. 43. (Liasse.) — 82 pièces, papier; 5 pièces, parchemin.

1503-1762. — *Pièces de procédure relatives à Chabanas*, de la dépendance de Boscodon. — Bail emphytéotique par Isoard de Montorsier, abbé, Jacq. Arland, prieur claustral, Guélis de Laye (*de Aga*), Nicolas Minsard, Jean de Poligny (*de Poligneco*), Ant. Olivier, moines, Ant. Mistral (*Mistralis*), bénéficier, et Jean Valérian, donné de Boscodon, à Arnoux Berland, not. du Puy-Sagnières, Guigues Rancurel, dit *Gaillard*, et Alexis Savine, d'Embrun, d'une île et d'un gravier, sis à Chadenas, près de la Durance, à charge de les planter en vigne et sous la redevance annuelle de 3 fl.; Mathieu *Cast*., not. Boscodon, 7 janv. 1502/3 (à l'incarn.). — Requêtes au Parlement: par le cardinal Alexandre Compège, abbé de Boscodon, et en suite de l'arrêt du 14 août 1550, en faveur de Nicolas de La Croix, son prédécesseur, afin d'obtenir le payement des « tâches de Chapdenas » (10 déc. 1552); — par Alphonse de Roussel, également abbé de Boscodon, afin d'obliger Nicolas Bernoud et autres détenteurs des biens de Boscodon à s'en dessaisir. — Arrêt conforme, au nom de Franç. de Bourbon, prince dauphin d'Auvergne, gouverneur et lieutenant général en Dauphiné. Grenoble, 7 juil. 1553. — Sommation de la part d'Ant. Sigaud, moine de Boscodon, aux tenanciers de l'île susdite de payer ce qu'ils doivent, 11 nov. 1615. — Requête au Parlement par Abel de Sautereau, abbé de Boscodon, aumônier ordinaire du Roi, à mêmes fins (1615). — Copie de la vente faite, le 27 oct. 1535, par Ét. Ardoyn, chapelain, curé de La Roche (de Rame), à Bertrand Paris, citoyen d'Embrun, d'une vigne sise à Chadenas, cfr. l'île de Boscodon au midi, au prix de 160 fl. Tém. Honorat *de Bargo*, f. d'Honorat, de St-Crépin, not. (XVIIe siècle). — Mémoire pour Boscodon: les droits de cette abbaye, « pillée, saccagée et brûlée », ne sauraient prescrire. Signé, Aug. Bernard (29 nov. 1618). — Pièces diverses produites sur le même sujet par Nicolas de La Croix, abbé de Boscodon, contre Sébastienne Martin, fille et héritière de Jacq. Martin *Graich*, Pierre Gravier, procureur de l'église de Ste Cécile, Ant. Fache et autres (14 juin 1548). — Inventaire des pièces produites en faveur de Boscodon par Arthur Coste, conseiller du Roi, contre Jean Cellon, procureur au bailliage d'Embrun

(1618). — Enquête faite, par-devant Simon Rambaud, huissier en la cour de Parlement, commis à cet effet par le Parlement, sur les droits de Boscodon à Chadenas, à Embrun, dans le logis de L'Ange. Présents, Ant. Belle, cosgr de St-André d'Embrun, écuyer, Jean Goutier, hôte dud. logis de L'Ange, Pierre Goutier, prêtre, son frère. Sout entendus : Ant. Raffin, apothicaire, et sa femme Françoise, Laurent Reynaud, gippier ou plâtrier; Jean de La Croix, écuyer, frère et procureur de Nicolas de La Croix, abbé de Boscodon (14-17 sept. 1551). — Acte d'opposition par Charles de La Robinière, vic. gén. de Boscodon, à la mensuration du terroir de Chadenas par les consuls du Puy-Sagnières, 9 juin 1635. — Signification, aux consuls du Puy-Sagnières, de l'ordonnance de la Cour du 10 janv. 1643, qui défend de troubler les religieux de Boscodon dans la jouissance de leurs biens de Chadenas, 20 févr. 1643.

Requête au Parlement par n. Guil. de Sautereau, sgr de Chasse, administrateur des biens de n. Franç. de Sautereau, son fils, abbé de Boscodon, et prieur de Moirans, afin de jouir des revenus de Chadenas. Arrêt conforme du Parlement. Grenoble, 10 janv. 1643. (Débris de sceau en cire rouge.) — Pièces des poursuites exercées, en suite de l'arrêt précédent, contre les héritiers de Jacq.-Benoît La Touche et Cathe Molin, mariés (1649) ; Guil. Lambert, du Puy-Sagnières (1652), Pierre Constans, Guil. Jaubert, Claude Salva, et Ant. Truchet, dud. lieu (1653) ; Ant. de Navaisse, sgr du Puy (1654), et autres. — « Estat des fonds de Chadenas qui doivent tasches à l'abbaye » de Boscodon, appartenant à Ant. Roche, d'Embrun, Barthél. Laurent, la chapelle Ste-Cécile, cape Jean Chevalier, Jean Colton, Arnaud Parandier, Claude Leydon, prêtre, les héritiers de n. Franç. de Colignon et autres (XVIIe siècle). — Conventions entre Franç. de Sautereau, abbé de Boscodon, et Ant. de Navaisse, au sujet de la barque de Chadenas pour traverser la Durance, afin de porter la vendange et le vin dud. Chadenas à Boscodon. De tout temps l'abbaye à vendangé le même jour que le sgr de Navaisse. Celui-ci ne pourra causer aucun trouble à l'abbaye. Lade barque « ne servira à l'usage d'aucune autre personne ». Embrun, 12 nov. 1668. — Requête à la chambre des vacations par l'abbé Franç. de Sautereau, afin de jouir des droits et biens dont son abbaye avait été dépouillée par « ceux de la R. P. R. »; partie des droits de l'abbaye « sont restés entre les mains des usurpateurs ».

Arrêt conforme, surtout entre la communauté du Puy-Sagnières. Grenoble, 4 oct. 1670.

Décret rendu par « les présidentz, trésoriers généraux de France et grands voyers en Daulphiné », contre n. Ant. de Navaisse. Ce dernier, de son autorité privée, cherchait à établir « des péages et pontonages sur les grands chemins et à la traverse dans cette province... sur le chemin allant d'Embrun au Puy-Sagnières, proche la rivière de Durance, entre la ville d'Embrun et le chasteau du sr de Savines, où il fait éziger un péage ou pontonnage sur les bestiaux et marchandises, qui passent aud. lieu ». Injonction de produire les titres et lettres patentes qui l'autoriseraient à ce faire. Signé : Chastellier, Brenier, Morard, Marnays, de Beauvais, Vial, et autres : « Au bureau », 15 avril 1671. — Signification dud. décret à Ant. de Navaisse, 22 mai 1671. — Acte de visite par Ant. Aibrand, chantre, et Sébastien Bernard, prieur de La Couche, députés de Boscodon, du vin récolté à Chadenas, 17 oct. 1672.

Prix-faits donnés par Michel de Sautereau, abbé de Boscodon : à Jean Jouvène, fils de feu Jean, Jean Jouvène, f. de feu Pierre, et Franç. Jouvène, f. de feu André, mes charpentiers, de St-André d'Embrun, de réparer la grange de Chadenas, incendiée par les ennemis de l'Etat, au prix de 120 l. et une charge de vin. Tém. Pierre Martin, chantre de Boscodon, et Julien Besson. Embrun, 25 mars 1693 ; — à Michel Varcellin et Guil. Maurel, maçons d'Embrun, de refaire l'écurie de Chadenas, au prix de 200 l. Tém. Pierre Sicard, curé de Rochebrune, 1er avril 1693 : — à Julien Pesson, des Crottes, fermier de Chadenas, de refaire le toit du grand bâtiment dud. Chadenas à quatre apens et de le couvrir d'ardoises, au prix de 1.200 l., 3 août 1695 : — à Bernard Fache, charpentier de St-Sauveur, de réparer led. toit, au prix de 37 l., 28 juil. 1709 : — à Jacq. Lagier, f. de J.-B., et Blaise Imbert, menuisiers d'Embrun, de réparer l'appartement du grand prieur, au prix de 124 l., 30 sept. 1709, etc. — « Copie des faisses du fief de Chadenas... et mas d'icelluy, appelés *Las Plantas, les Clots, le Coing et St-Pierre* », entre le Merderel au levant, le torrent de St-Pierre au couchant, le grand chemin allant à St-Julien au pied, et « les patègues, coustasses et ribasses du Grand-Puy » en tête, suivant désignation faite par El. Ardoyn, curé de La Roche, 90 ans, El. Rapin, 80, Vincent Blachas, 64, Jean Salva, corréaire, 50, d'Embrun, et El. Constans, du Puy-Sagnières, 60 ans (copie du XVIIIe siècle). — Mémoires divers « concernant les tâches de Chadenas » (idem). — Bail à ferme du domaine de Chadenas, par Ant. Silvestre, grand prieur de Boscodon, à André et Louis Arnaud, père et fils, pour 5 ans, moyennant 9 charges de froment, 20 paires de poulets, moitié du vin récolté et 2 charges de raisins. Embrun, 13 juin 1762, etc.

H. 44. (Registre.) — In-4°, 476 feuillets, en 10 cahiers, papier, déreliés.

1761-1762. — *Dépendances de Boscodon.* — Procès verbal de l'enquête faite par Jean Simon, bourgeois, et Louis Yvan, ancien notaire, procureur à Digne, en exécution du jugement du Bureau des Finances d'Aix, du 8 avril 1761, à la poursuite de Jos.-Ant. d'Amat, évêque de Senès, abbé de Boscodon, et d'Ant.-Victor Amédée de La Font, chevalier, marquis de Savine, sgr de Châtillon-le-Désert, héritier sous bénéfice d'inventaire de Victor-Amédée de La Font, abbé de Boscodon, assisté de Jacq. Dioque, son curateur, sur la situation des biens et domaines de N.-D. de Paillerols, de Sélonnet, etc., et à la requête d'Ant. Tholozan de La Madeleine, avocat, agissant au nom dud. marquis de Savine. Le 22 avril, à Paillerols, audition de Franç. Jaume, m° maçon, Stanislas Curnier, m° charpentier, et Jos. Barras, m° serrurier, des Mées. Détail des réparations à faire aux bâtiments du château de Paillerols et dépendances; des ornements trouvés à la chapelle du Château, à celle de St-Blaise, etc. Total des réparations à faire, 8.451 l. 18 s. 10 d. (f° 380 v°). Le 16 juin, à Sélonnet, chez Gaillard, auhergiste, à l'enseigne du *Cheval Blanc*, examen de l'église où le s⁰ Gleize est curé et dom Maurin, religieux, est prieur. Total des réparations, 1.704 l. 5 s. 3 d. (f° 470 v°). Total des frais de ce procès-verbal, 144 l. 18 s. « compris le papier » marqué de Provence de « deux sous la feuille ».

H. 45. (Liasse.) — 62 pièces, papier; 4 pièces, parchemin.

1596-1766. — *Prieuré de St-Maurice, à Valserres.* — Procès verbal dressé par Balthasar Chabrand, professeur ès droits, juge de la vallée d'Avançon, dans le procès relatif aux différends de Jean de L'Espine, prieur de St-Maurice, et Jean et Esprit Brun, frères, de Valserres, au sujet des limites du prieuré de St-Maurice. Des limites sont plantées au champ *dau Roure*, à la *sorrière* entre la terre du prieuré et le *patègue* de Valserres, sur le serre regardant vers Remolon, 19 août 1598. — Pièces du procès intenté à la communauté de Valserres par Ét. Brunenc, prieur de St-Maurice, afin de continuer à jouir du droit de pâturage (1669). Requêtes, mémoires, inventaire des pièces produites (1688).

Autre procès à propos des tailles (1699). Étienne Brunenc, sacristain de Boscodon, prieur de St-Maurice, se prétend exempt du payement des tailles à Valserres, 12 juin 1700. — Jean Albrand, prieur de St-Maurice, déclare être exempt du payement du droit d'amortissement, 8 sept. 1712. — Injonction, par Silvestre, vibailli d'Embrun, aux détenteurs des effets mobiliers de dom Bernard, ex-prieur de St-Maurice, de les rendre à Jacq. Silvestre, grand prieur de Boscodon, pourvu du prieuré de St-Maurice le 10 mars 1723, afin surtout de pouvoir « célébrer la ste-messe dans lad° chapelle [de St-Maurice], la seconde feste de la Pentecoste ». Embrun, 12 avril 1723. — Pièces du procès intenté à la communauté de St-Étienne-d'Avançon par led. Jacq. Silvestre, prieur de St-Maurice, en revendication du pré de *Font-Clare*, appartenant aud. prieuré dès 1488 et dont lad° communauté s'était emparée (1731). — Lettre de Courrière, de Grenoble, à propos de cette affaire et d'un procès avec le curé de St-Clément. Grenoble, 29 mai 1732.

Baux à ferme par Jacq. Silvestre, grand prieur de Boscodon et prieur de St-Maurice: à Pierre et Jos. Rolland, frères, fils d'Ant., de St-Étienne-d'Avançon, du domaine de St-Maurice, pour 8 ans, au prix de 75 l. l'an. Embrun, 1er avril 1740; — à Pierre Rolland, de plusieurs propriétés à Remolon, Valserres, Jarjayes et St-Étienne-d'Avançon, pour 3 ans, au prix de 85 l. Embrun, 29 déc. 1745; — au même, d'une terre et vigne, à Valserres, au quartier de *Chaloup*, de 2 éminées 1 civayer, pour 3 ans, au prix de 132 l. par an. Embrun, 16 nov. 1746. — Acte de décharge, sur requête, par l'intendant de Dauphiné, en faveur de Jacq. Silvestre, prieur de St-Maurice, de tout droit de vingtième, 5 févr. 1752. Suivant certificat de Noël Roubaud, receveur ancien des tailles, les droits de vingtièmes du prieuré de St-Maurice s'élevaient à 12 l. 12 s. Gap, 20 nov. 1750. — Bail à ferme du domaine de St-Maurice par led. Jacq. Silvestre à Jean Taix, f. de feu Pierre, de Remolon, pour 9 ans, au prix de 72 l. et 4 paires de poulets, chaque année. Boscodon, 3 mars 1754. — Quittances divers des tailles de St-Maurice, de 1743 à 1766. — Bail à ferme de St-Maurice par Jacq. Silvestre, à Jos. Taix, pour 9 ans, au prix ordinaire de 72 l. et 4 paires de poulets, chaque année. Boscodon, 24 sept. 1766, etc.

1501-1767. — *Procédures diverses.* — Pièces des procès relatifs : 1° au pré *Consantanet.* — Copie de l'acte emphytéotique consenti, le 23 sept. 1501, par Gui de Feugères, abbé de Boscodon, à Julien Borel, des Crottes, du pré *Consentanit,* cfr. le torrent de l'Infernet au couchant, sous la cense de 6 fl. par an à la Toussaint. Tém. n. Martin de La Villette, sgr des Crottes, Jean Disdier, licencié ès droits, juge-mage des châteaux archiépiscopaux, n. Oronce *Franconis,* chapelain d'Embrun ; Jean *Crecii,* clerc d'Embrun, not. Suit l'approbation dud. acte par Isnard Rame, chantre, Jérôme Mathieu, camérier ; Jean *Rostagni,* Jean *Chapotoni,* Ét. Roche, Pierre Allard, Ant. d'Orsière et Ét. Charriot, religieux. (Extr. au requis de Laurent Bonnet, camérier de Boscodon, de l'original produit par Jacq. Disdier, d'Embrun ; S. Rispaud, not., 31 mai 1678.) — Procès verbal des démarches inutiles faites par Michel Rame, huissier d'Embrun, pour se saisir, au requis de Mathieu Garcin, cellérier de Boscodon, de Pierre Fulcon, Marcellin Chollier, et Barthél. Vachier, des Crottes, 8 sept. 1545. — Procédure pour Giraud Peyron, camérier de Boscodon, contre Henri Vachier, possesseur du pré *Consentenio* (1625). — Copie de l'arrêt du Conseil d'État, du 8 juil. 1648, « portant deffences aux villes et communautés de Dauphiné et autres d'assigner leurs créanciers sur les fonds et domaines despandans des bénéfices, et aux ecclésiastiques, de céder aucuns desd. fonds pour acquitter les assignations qui pourroint estre faictes sur eux, et, au cas qu'il y en aye eu de cédés et aliénés pour ce subject, que les bénéficiers y rantreront sans payer aucune chose ». Versailles, 9 sept. 1675. — Pouvoir donné à Laurent Bonnet par les religieux de Boscodon pour exiger de la communauté des Crottes les sommes dues à son office, d'autant qu'elles « sont destinées pour les vestières et cucules *sive* habits que les religieux portent pendant la célébration des saints offices divins dans l'abbaye », et en suite de l'avis reçu que le « R. P. visiteur... de Cluny doit faire la visite séans ». Il a visité « St-Laurent de Grenoble et, de là, il a passé par la Savoye, pour, de suite, à son retour, faire la visite dans la présente abbaye ». Présents: Luc Silvestre, grand prieur, Ét. Brunenc, sacristain, Ant. Albrand, chantre ; B. Bernard, cellérier, Laurent Bonet, camérier, Gaspar Rispaud,

Firmin Jujet, prieur de La Couche, et Jos. Fortoul, religieux. Boscodon, 10 mai 1668 : — 2° contre les habitants des Crottes, afin de les obliger à payer les dîmes et tasches de *Combe Giroart* et *Le Bosc.* — Requête au Parlement par l'abbé de Boscodon, qui invoque les « lettres anciennes » des années 1190, 1234, 1262 et 1405, pour établir les droits de son abbaye depuis Combe Giroard jusqu'au « *Columbet* et à présent *Columbier* » (26 févr. 1628). — Commandement aux habitants du Bosc et Combe Giroard de payer les redevances dues à Boscodon. Présents, Franç. Goutier de L'Ange, Pierre Seymal, témoins, 31 août 1628 ; — 3° contre les tenanciers de *pré La Ruyne,* à la Montagne, territoire des Crottes. — Baux à ferme dud. pré, par Charles de La Robinière, religieux de Boscodon, à Chaffrey Chabrier et à André Fulcon, pour 4 ans, au prix de 12 l. chaque année, 6 juillet 1629 ; — à Laurent Foulquon, cordonnier des Crottes, pour 6 ans, au prix de 12 l. par an, 19 juil. 1662. — Procès-verbal par Saint, notaire d'Embrun, au requis de frère Ambroise Bernard, cellérier de Boscodon, de l'état de la grange, dite *Caustausel,* territoire des Crottes, de la dépendance de Boscodon, 8 juin 1667 : — 4° contre Hilaire Nicolas, f. de feu Jean, des Crottes, fermier du *pré Margot,* territoire des Crottes (1768). — Extrait du cadastre des Crottes f° 98, cote de Joannes Paris : prés *au Mellze* et *in Sagniis* champ et pré Margot (vers 1660). — Bail à ferme par César-Ant. Maurin, économe syndic de Boscodon, à Hilaire Nicolas, f. de feu Jean, des Crottes. du pré Margot, de « la dépendance de la cellérarie ». cfr. le chemin des Costes du Cellérier aboutissant au ruisseau de l'Infernet » au nord et le combal Aiguille, pour 9 ans, au prix de 3 charges de seigle, une charge d'avoine, 3 paires de poulets et autres clauses. Tém. Barthél. Annot, f. de feu Jacques, et Louis Paris, fils de feu Marcellin ; C. Jame, not. Embrun, 26 oct. 1767, etc.

1703-1772 environ. — *Forêts, pâturages,* etc. — Signification par les Commissaires de la réformation des Eaux et Forêts à l'abbé de Boscodon, en suite de l'ordonnance d'août 1669 et de la réponse de la communauté des Crottes du 14 oct. 1699, d'avoir à « faire arpenter, figurer et horner les bois » de l'abbaye. Signé, Bouchu, Chalvet. Grenoble, 30 sept. 1703. — Procès-verbal, en suite du transport dans les bois de Boscodon des Commissaires généraux.

mettant en réserve les quartiers de *Bregeon*, *Clot Jogier*, *Tranchet*, *Marmande*. Grenoble, 8 déc. 1728 (signifié à Ant. Dongois, religieux de Boscodon, le 30 août 1732). — Requête auxd. commissaires par Victor-Amédée de Lafont, abbé de Boscodon, en vue d'obtenir 300 pièces de bois rabougries, pour le chauffage de la maison. Grenoble, 8 août 1731. — Signification aux religieux de Boscodon du règlement du 15 oct. 1731, avec invitation de s'y conformer, 9 avril 1753. — Nomination par Jos.-Barthél. Richard, avocat, lieutenant en la maîtrise des eaux et forêts de Grenoble, de Michel Astier, pour garde des bois de Boscodon, 8 févr. 1753. — Délivrance par le même à Franç. Martin Roux, chantre de Boscodon, de 28 sapins au *Clot des Vérets* et à celui de *la Charbonnière*, 16 juin 1754 ; — de 400 arbres à dom Silvestre, économe de Boscodon, à prendre au *Clot Gilbonier*, à *la Carrière* et *Sol Creusé*, 11 juin 1755 ; — de 300 pieds à la Charbonnière, à la fontaine de Rogon, au *Clot de la Cerisière*, à *Sap Creusot*, à *La Recula*, à la *fontaine de l'Ours*, 9 oct. 1758 ; — de 300 pieds, au *Clot Long*, 25 juil. 1759 ; — de 300, à *La Croix*, au *Clot de Viral*, au *Clot de la Sépulture*, à *Pierrevua*, à *La Chalanche*, au *Clot de Barbe blanche*, 15 juil. 1761 ; — de 300 pieds, à la fontaine de l'Ours, à La Chalanche, 5 mai 1762 ; — de 300 à la Grande Combe, 8 juil. 1763 ; — de 800 pieds d'arbres au Clot de Pommier, au Clot du Play, etc., 6 mai 1764.

Procuration par les religieux de Boscodon à m° Baulaix, avocat aux Conseils du Roi, pour offrir au domaine une rente annuelle de 19 l. pour le domaine de Montmirail, « situé au couchant du ruisseau Infernel, qui le sépare de la terre des Crottes tout le long depuis la montagne d'Aloia jusqu'à la rivière de Durance », et aussi pour les Crottes et dépendances. Présents, Jacq. Silvestre, grand prieur, Barthél. Alphand, sacristain, Franç.-Martin Roux, chantre, Jos.-Franç. Silvestre, camérier, Louis Davin, cellérier, Pierre Sainet, recteur de l'hôpital de La Ville Neuve, Ant. Silvestre, prieur de La Blache, Jacq. Él. Dalmas, prieur de Ste Croix, Luc Ange et Gaspar Allard, religieux. Boscodon, 2 févr. 1756. — Accord entre Ant. Jos. d'Amat, évêque de Senez, abbé de Boscodon, Madel° Polyxène de Castellane, veuve de Charles de Lafont, comte de Savine, mestre de camp de dragons, agissant au nom de M° Ant.-Victor-Amédée de Lafont, comte de Savine, gouverneur d'Embrun et guidon de gendarmerie, héritier de Victor-Amédée de Lafont de Savine, abbé de Boscodon, et les religieux de Boscodon, au sujet des réparations à faire à l'abbaye, à Chadenas, etc., suivant estimation s'élevant à 36.399 l. 9 s., dont 32.461 l. 10 s. 11 d. à la charge de lad° dame de Savine. Embrun, 23 sept. 1762. — Bail à ferme par l'évêque de Senez, abbé de Boscodon et prieur de St-Honoré de Paillerols au terroir des Mées, à Michel Rougier et Claude Freaud, des Mées, des revenus de Paillerols, pour 6 ans, moyennant 5.300 l. par an et diverses conditions. Tém. Jean-Philippe Pascalis, chan. de Senez, Augustin Gleize, prieur-curé de St-Auban ; Henri, not. Senez, palais épiscopal, 5 mars 1766.

Bail à ferme de Pré Clapier, par Augustin Gleize, prieur de St-Auban, procureur de l'évêque de Senez, abbé de Boscodon, à Jean Jos. Albrand, fils de Jean, des Crottes, pour 3 ans, moyennant 20 charges d'avoine, 3 de seigle et la moitié des foins récoltés. Embrun, 11 oct. 1767. — Bail emphytéotique par Ant. Silvestre, grand prieur, et César Ant. Maurin, syndic et économe de Boscodon, à Mathieu Albrand, fils de Sébastien, des Crottes, des biens de la chantrerie de Boscodon, sis à *la Drage*, terroir des Crottes, pour 29 ans, moyennant 8 émines d'avoine chaque année. Boscodon, 5 mai 1768. — Bail à ferme du domaine de Pré la Croix, dépendant de l'office du cellérier, par les mêmes, à Jean-Jos. Albrand, f. de feu Jean, pour 9 ans, au prix de 220 l. par an. Embrun, 9 févr. 1770. — Prix fait donné par dom Blanchard, économe de Boscodon, à Jean-Joseph Albrand, pour traîner les bois, de la forêt à la Durance, afin d'en former des rôteaux, 1er déc. 1769. — Livre des censes et revenus emphytéotiques dus à Boscodon (vers 1772) : Honoré Chauvet, f. de feu Laurent, des Chabriers, ham. des Crottes, héritier de Louise Isnard, sa mère (reconnaissance du 8 août 1733, Robert, not.), 3 civayers 2/3 de méteil ; Jos. Avon et Élisabeth Chabrier (20 juin 1734), Albrand, not., 9 civ. 1/3 ; Susanne Roux, veuve de Franç. Joubert (8 août 1733, id.), 2 civ. 1/6 ; les héritiers de Claude Bayard (id.), 1 civ. 1/6 ; Jos. Lagier et Louis, son fils, du ham. du Bois (14 août 1733), 6 civ. de méteil et 9 sols 3 deniers ; Ant. Maurel, f. de feu Jos., du Bois (6 févr. 1734, Robert, not.), 9 s. 3 d. ; André et Jos. Faure, du même lieu (id.), 7 s. ; Jean Maurel, f. de feu Pierre (id.), 5 s. ; Él. Serre, f. de feu Benoit (14 août 1733), 12 civ. méteil, etc. (vers 1772).

II. 48. (Liasse.) — 13 pièces, papier.

1760-1772. — Requête au Roi et à son Conseil par le marquis de Savine, guidon de gendarmerie, héritier de Victor-Amédée de La Font de Savine, abbé de Boscodon, son oncle († 29 févr. 1760), contre les prétentions de M. Amat de Volx, évêque de Senez, son successeur à Boscodon. En 1692, l'abbaye de Boscodon « fut réduite en cendres », le toit de l'église éprouva le même sort, ainsi que les domaines voisins, qui sont dans la montagne de la comté des Crottes. « Le paysan dans l'Embrunois, qui a des terres à luy, comme ils en ont la plus grande partie, ne prend pas de ferme ou, s'il en prend, ce n'est que lorsqu'il les trouve à un modique prix... Le domaine de Chadenas est éloigné de l'abbaye de Boscodon d'une lieue et demi » (sans date). — Bail à ferme par Ant.-Jos. d'Amat, évêque de Senez, abbé de Boscodon, aux religieux de cette abbaye du domaine situé entre Bragons et l'Infernel, jusqu'au Colombier, le grand verger au-delà de l'Infernel, champ Geline, le champ près de l'Oratoire, le moulin, les dîmes des Terrassettes, du serre du Piboul, le domaine de Costaussel, la montagne et tout ce qu'il possède aux Crottes, pour 6 ans, sous de nombreuses clauses. Tém. Pierre Silvestre de Rioclar, vibailli d'Embrun, Jean-Philippe Pascalis, chan. de l'église de Senez, Pierre Dongois, trésorier des troupes d'Embrun. Boscodon, 6 sept. 1761. (A la fin : les religieux s'engagent à payer chaque année les 36 l. dues au sgr des Crottes, ibid., 24 sept. 1761.) — Sommation aux religieux de Boscodon, de la part d'Augustin Gleize, prieur-curé de St-Auban, diocèse de Senez, procureur de l'évêque de cette ville, abbé de Boscodon, de lui faire connaître les réparations qu'ils réclament, suivant l'ordonnance du Parlement de 1581. Boscodon, 21 sept. 1761. — Extrait de la délibération des religieux de Boscodon, concernant la suppression de certains bâtiments de l'abbaye demandée au Roi et à son conseil par l'évêque de Senez et le marquis de Savine ; ils donnent leur consentement. Présents : Dalmas, sacristain, Silvestre, chantre, Davin, cellérier, Servel, camérier, Courrière, de Bayle, Garrony, secrétaire, Reymond. Marini, Ant. Silvestre, grand prieur, 16 juil. 1763.

État des pièces envoyées à me Amat, procureur au Parlement, pour « poursuivre l'affaire de Martin-Jean, contre la communauté des Crottes » ; procès de 1613, 1620 et 1720 ; copies de la vente par Rodolphe Escot à Boscodon de ses droits sur Morgon, 1172 ; id. par Guil. de Pontis, 1225 ; sentences arbitrales de 1247, 1254 ; information du 26 sept. 1317 ; vente du 10 déc. 1344 ; hommage de 1480 ; baux à ferme, 10 oct. 1516, 2 avril 1582, 13 avril 1602, 4 avril 1643, 8 juil. 1645, 27 oct. 1648, 7 oct. 1654 ; sentence du 20 avril 1308 ; vente du 22 mars 1307 ; information du 10 oct. 1278 ; hommages, 1431, 18 déc. 1402, 31 janv. 1373, etc. (1749). — Bail à ferme par l'évêque de Senez aux religieux de Boscodon des biens de l'abbaye, sous diverses clauses, 21 août 1768. — Vente de 2.500 pièces de bois, sapin et mélèze, par l'abbé de Boscodon à Constantin Mathieu, agissant au nom de Mignard, son beau-frère, pour les transporter en Provence en les faisant flotter sur la Durance, au prix de 4 l. la pièce de bois, 11 nov. 1798. — Inventaire par Augustin Gleize, curé, procureur de l'évêque de Senez, abbé de Boscodon, des vases vinaires qui sont à Remolon : 11 tonneaux, 4 cuves, 1 pressoir. Tém. Jacq. et Gaspar Moynier du Bourg, 1er oct. 1769. — Baux à ferme de terres dépendant de la camérerie de Boscodon, sises aux *Terrassettes* ou *Preits*, à Pierre Faure, f. de feu Guil., des Crottes, pour 9 ans, moyennant 12 émines d'avoine et 2 paires de poulets, 17 févr. 1770 ; — d'autres terres dépendant de l'office du cellérier, sises aux *Costes du Cellérier*, par Louis Guérin, not., « économe séquestre établi des biens et revenus de la manse abbatiale et conventuelle de l'abbaye royale de Boscodon », à Hilaire Nicolas et Ét. Imbert, des Crottes, pour 6 ans, au prix de 78 l. par an, 10 févr. 1770. — Acte d'opposition par Jean Gabriel d'Agay, chan. de St-Claude, vic. g. d'Autun, abbé commendataire de Boscodon, au sr Mignard, négociant, d'Aix en Provence, contre l'exploitation des bois de Clot Joubert, 15 janv. 1772.

État des recettes et des dépenses de l'économat de l'abbaye de Boscodon du 11 déc. 1769 au 24 mars 1772. Recettes : créances, 3.687 l. ; produit des baux à ferme, 11.128 ; id. des denrées, 6.767 ; id. des bois, 10.270 ; pensions, 878, etc. Total, 32.815. Dépenses : pensions à l'abbé et aux religieux, 14.124 ; ménage et domestiques de Boscodon, 796 ; charges, 5.855 ; exploitation des bois, 4.248 ; dépense extraordinaire, 3.773 ; cent jours de vacations, 600 ; deux ans et trois mois d'appointements, 1.350, etc. Total, 32.769 l. Reste en caisse, 45 l. Reste dû par les fermiers : de La Bâtie-Neuve, 22 ; de la Pierre Sainte (de L'Argentière), 66 ; de St-Marc, 6 ; de St-Maurice, 75 ; de Chancella, 45 ; de Freyssinières, 30, etc. Total, 440 l. Il

reste dû à l'abbé et aux religieux 5.506 l. de pension,
etc. Vu et arrêté par Pierre-Louis de Leyssin,
archevêque d'Embrun, André de Plan de Beaumelle,
prévôt de l'église métropolitaine, vic. g., Augustin
Allard, chan., syndic du chapitre, Jean-Pierre de
Calignon, sacristain, syndic du séminaire, Michel
Vial, principal du collège, et Jean-Jos. Martin, avocat, procureur fiscal des juridictions archiépiscopa-
les, syndic et député de l'hôpital général, auxquels
les biens de Boscodon ont été attribués par décret
de l'évêque de Digne, du 8 févr. 1770, député par
lettres patentes du 21 oct. 1769. Embrun, 24 mars 1772.

H. 49. (Liasse.) — 6 pièces, parchemin ; 18 pièces, papier ;
1 sceau plaqué.

1307-1778. — *Relations de Boscodon avec Embrun.* — Commission donnée par le pape Innocent
VIII, à l'abbé de Boscodon et au prieur des Baumes
de Châteauroux, en suite de diverses requêtes du
chapitre d'Embrun au pape Sixte IV, du temps de
Louis XI *(dudum per clare memorie Ludovicum
quondam Francorum regem),* et à cause des litiges
et controverses qui divisaient led. chapitre, en cas
de vacance des prébendes canoniales, d'attribuer le
revenu de ces prébendes à la fabrique et au luminaire de l'église métropolitaine. Rome, St-Pierre, la
veille des calendes d'avril (31 mars 1487), 3e année du
pontificat. — Sentence conforme à cette commission rendue par Claude d'Arces, abbé de Boscodon ;
Pierre *de Capitavilla,* notaire. Rome, *in domo habi-
tationis dicti notarii,* 3 déc. 1488, 6e indict. — Transaction entre le chapitre d'Embrun, Ardoin Meyssirel,
chanoine, d'une part, et n. Pierre de Baratier et n.
Claude Arnaud, héritiers par moitié des biens de n.
Guillaume de Baratier, cosgr dud. Baratier, au sujet
des montagnes : 1o de *Les Challète,* du lieu des Orres
(des Horres), cfr. les montagnes de Verdun et de Muratier, donnée le 30 juin 1285 à l'église d'Embrun par
n. Pierre de Verdun, chan. et chantre d'Embrun ; —
2o de *Séguret,* cédée en mars 1529 par led. Claude
Arnaud, héritier de Guil. de Baratier, écuyer, aud.
Ardoin Meyssirel. Tém. Michel *Franconis,* not. de
Briançon, et Ant. Maurel, « recteur d'escolles du
mandement de Sainct-Crespin, demourans à Ambrun » ; Lazare Garcin, d'Embrun, not. Embrun, « à
la chambre de chappitre en Chanonge », 25 nov.
1541 (à Noël). Extrait de l'acte précédent par led.
Lazare Garcin, not., au requis de me Ant. *Chionis.*
chan. d'Embrun, en suite du testament de feu le
chan. Arduin Meyssirel, qui avait légué lad° montagne de *l'Eysalète* à l'église de N.-D. d'Embrun, et
ce, en présence de Louis Meyssirel, « baylle du
lieu des *Huerres* ». Lad° montagne cfr. celle de
Muratier du couchant, le territoire de *Les Teoles*
du levant, la montagne de *la Foyrouse* du nord. En
conséquence led. Louis Meyssirel met le chan.
Chionis en possession de la montagne de *L'Eysalète.* Tém. Jean Chaud, de St-Sauveur, Marcellin
Salva, de St-André, Paul Vasserot, prêtre, Jean
Ferge, consul des *Huerres :* Lazare Garcin, not.
« Faict au lieu des *Huerres,* devant l'église parro-
chièle dud. lieu », 3 mai 1542 (à Noël). — Pièces de
procédure, au requis de Louis Leydon, chan. créé
d'Embrun, contre les héritiers de Martin Rostang,
de St-Sauveur, hameau des *Salètes,* en payement de
10 fl. (1570-74).

Constitution d'une pension de 5 fl., au profit de la
messe fondée au grand autel de l'église d'Embrun
par feu Jacq. *Macellarii,* par Jean *Rostagni,* de St-
Sauveur, au moyen de 100 fl. qu'il reçoit de Pierre
Savine, docteur ès décrets, sacristain, Guil. d'Eymo-
net *(de Aymonetis),* docteur ès décrets, chantre,
Guil. Chabassol, Pierre Garnier, bachelier ès décrets,
et Michel Sigaud, bachelier ès arts, chanoines
d'Embrun, et qu'il hypothèque sur un champ de 17
séterées, sis à St-Sauveur, *en Champ Bompar,* cfr.
Jacq. Lagier, Ant. Audibert et la maison dud. Jean
Rostagni. Tém. Mondon *Salvi,* d'Embrun, Hugues
Bochardi, de Briançon, Rodolphe *Rodulphi,* de St-
Paul, Jean Didier, f. d'Ant., d'Embrun ; Sébastien
David, not. delph. et apost. Embrun, *in capella fun-
data per d. Giraudum Belloni,* en l'église, 14 avril
1495, indict. 13°. — Rapports sur le litige susd.,
23 mars 1570 et 25 juil. 1574. — Sentence par Barthél.
Ème, docteur ez droictz, sgr de St-Julien et Vizille,
juge ordin° de la citté et terre commune d'Embrun
et lieu de Chorges, qui condamne le susd. Rostang
à se libérer. Embrun, 30 mai 1574 [1]. — État des
dépens que led. Martin Rostang devra payer (1574).
— Reconnaissances par Jacq. Nicolas, d'Embrun,
d'une pension de 3 fl. 7 s. au profit des anniversai-

[1] Couvert d'un parchemin contenant échange entre Ant. et
Véran Martin, *alias Elions,* frères, de St-Véran, et Ant. Maurel,
d'Embrun. Celui-ci donne une maison, sise à Embrun, paroisse
de Ste-Cécile, *juxta bedalle Jaffuelli de retro,* et reçoit une paire
de bœufs, poil roux. Tém. Jean Paris, dit Besson, et Giraud. f.
d'Ant. *Biancherii,* des Crottes, Pierre *Charboni,* Marcon du Bois
(de Bosco), d'Embrun. Extrait par Vasserot, d'Embrun, not., sur
l'ordre de Germain Faure *(Fabri),* bachelier ès décrets, official
d'Embrun, au requis (?) de n. *Visitia,* fille de feu n. André, de
Meyrones (XIV° siècle).

res, imposée sur une maison de Pierre Garcin, hôte du *Chapeau rouge*, sise à Embrun, paroisse St-Donat, cfr. celle de Richard Ème, dit Picon, au couchant, celle de Louis Souchon, au levant ; d'une pension de 12 s., par Chaffrey Blanc, sur un champ situé à *La Côte de St-Surnin*, cfr. le champ des anniversaires et le pré de la chapelle Ste-Anne fondée par Ét. Salva, 20 févr. 1616. — Arrêt du Parlement, au nom de « Louis de Bourbon, comte de Soissons, grand maistre de France, gouverneur et lieut. général pour le Roy en Dauphiné », qui condamne Jean Choix à payer au chapitre d'Embrun une pension de 7 fl., constituée le 5 déc. 1539 (Gaspar Marron, not.). Grenoble, 7 déc. 1617. — Demande en garantie, par Pierre de Calignon, curateur de l'héritage vacant de Jean-Jacq. Albrand, bénéficier d'Embrun, à Louis Savine, précenteur, contre Barthél. Savine, frère de ce dernier. Embrun, 16 sept. 1640.

Promesse par Pierre Callandre, f. de feu Ant., de Guillestre, de garantir Gui Gras, religieux de Boscodon, détenteur des biens de la chapelle de La Madeleine, contre les collecteurs des tailles dud. Guillestre, 25 sept. 1646. — Bail à ferme par Léonard du Cros, agent de Georges d'Aubusson La Feuillade, archevêque d'Embrun, à Louis Peile, boucher d'Embrun, d'une vigne sise au mas de *Pont Frache*, pour 6 ans, au prix de 28 l. 10 s. chaque année. Tém. Jean Giraud, f. de Domin., d'Orcières, résidant à Chalvet, et Daniel Cressi, marchand. Embrun, 14 mars 1664 ; — par Jos. Rous, avocat, procureur de l'archevêque, à Jean Guers, f. de feu Jacq., de St-Sauveur, de terres de l'archevêché : pré sous le Roc, vigne au mas du St-Esprit, terres à Champ Blancon, aux Croix et à Champ Favier, pour 4 ans, au prix de 100 l. chaque année, 23 avril 1716. — Requête au lieutenant du juge commun d'Embrun, par Jos. Rous, juge commun, procureur de l'archevêque, pour obliger led. Jean Guers à tenir ses engagements, 30 avril 1717. — Mandat de 50 l. par le chapitre d'Embrun en faveur de Marc-Alexis Perrod, pour « entier payement de la pendule qu'il avoit vendu au chapitre », 25 août 1751. — Certificat par le chan. de Calignon, trésorier du chapitre d'Embrun, attestant que « M. d'Agoult, conseiller au parlement de Dauphiné, doit au chapitre d'Embrun » 2.800 l. (17 sept. 1735, Bénard et Marchand, le jeune, notaires à Grenoble), et qu'il a reçu 240 l. en compte des intérêts. Embrun, 14 nov. 1778. (Visa et cachet plaqué en cire rouge par Pierre Rous la Mazelière, lieut. gén. de police au bailliage d'Embrun.)

Fragments : 1° d'une reconnaissance, au requis de Raymond *de Blaqueria*, prévôt d'Embrun, vic. gén. de l'archevêque, absent, par Jean et Pierre *Tronni*, al. Gautier, de Châteauroux, du 5 mars 1307. Tém. Jean Seguin, recteur de l'église de St-Crépin, Raymond Reboul (*Rebulli*), chan. de Vence, et Pierre *de Voguerio*, recteur de l'église de Roussel ; André *Barrerie*, not. ; 2° d'une autre reconnaissance de 3 fl. 1/2 de pension en faveur de la chapelle de St-Martin, par (?) *Sufredus de Burgomalo*, sur un champ sis à Embrun *ad Petram Boyeram*, cfr. Jacq. *Bartholomei*, Jean Roy, Vincent Gargan, Jacq. Bonafous (f° 58 d'un registre du 18e siècle).

H. 50. (Liasse.) — 18 pièces, papier ; 1 pièce, parchemin ; 1 cachet.

1593-1778. — *Prieuré de Sélonnet*. — Inventaire des pièces produites par Claude Peyron, camérier de Boscodon, au siège de Seyne, en payement de 67 écus, pour reste de pension due par la comté de Seyne dès 1589 (14 août 1593). — Mémoires pour Guigues Peyron, not. royal et procureur de Giraud Peyron, son frère, camérier de Boscodon, contre les consuls de Seyne, au sujet de lad° pension ; Pierre Arnaud, not. de Seyne (1617). — Quittance de 18 écus, chacun de 3 l., par Giraud Peyron, camérier de Boscodon, à Claude Richaud, consul de Seyne, pour un an de pension. « Seyne, à la Bourgade », logis du *Soleil*, appartenant au cap° Pierre Savournin, 9 nov. 1618. — Sommations, à Giraud Peyron, de la part des consuls de Seyne, de recevoir 5 charges de blé et 5 d'avoine, 6 mai 1628 ; — par led. Giraud Peyron aux consuls de Seyne, de lui payer sa pension de 18 écus. Seyne, 16 mai 1631. — Requête par le même au juge de Seyne afin d'obtenir le payement de la pension de 5 charges de blé et 5 charges d'avoine (22 août 1633). — Bail à ferme des pensions dues à Seyne par Guy Gras, camérier de Boscodon, à Pierre Laugier, marchand dud. Seyne, pour 3 ans, moyennant 5 charges de blé et 5 d'avoine, 8 nov. 1640. — Commandement à Laurent Bonnet, camérier de Boscodon, de payer, 225 l. pour le 8° denier des biens de cette abbaye à Seyne, 16 nov. 1678. — Pièces de procédure relatives « au grand disme » de Seyne : Ratification par Jos.-Franç. Silvestre, camérier de Boscodon, de l'arrentement conclu par Franç.-Charles Barthélemy, son prédécesseur, le 8 oct. 1660 (Jos. Rémusat, not. de Seyne), et fixant à 135 l. les droits qu'il avoit à prendre à Seyne, chaque année, sa vie durant. Seyne, 6 févr. 1726.

Requête au vibailli de l'Embrunais par Jacq. Faure, vicaire de Sélonnet, afin d'obtenir le payement des dépenses de la matière du culte fixées, par convention privée avec l'abbé de Boscodon, du 2 août 1748, à la somme de 18 l. (15 déc. 1749). — Démission par Jacq. Franç.-Xavier Garonni, religieux de Boscodon, du sous-prieuré de Sélonnet dont il était précédemment pourvu, pour être remis « à la mense abbatiale, conformément au décret de suppression et extinction de la mense conventuelle de lad. abbaye de Boscodon en datte du 8 févr. 1770, confirmé par lettres patentes de S. M. du mois d'août 1777, dûment enregistrées au parlement de Grenoble par son arrêt du 10 févr. 1772 et à la teneur de la bulle de N. S. P. le Pape Clément XI du 15 juil. 1772, confirmée par lettres patentes du Roy sous la datte du 14 août suivant ». Tém. Laurent *Gioiso* et Léopold Bataille; Souveur-Ignace *Bosarita*, not. Isle de Malte », 4 juil. 1778. Visa par Franç. Emmanuel de Rohan, grand-maître de Malte, et Franç.-Louis l'Almeyda, vice-chancelier. Malte, 9 juil. 1778.

Collationné à l'original produit et retiré par M⁰ Claude Colaud de La Salcette », chan. d'Embrun, vic. gén. du diocèse, « au requis » de ce dernier, et certifié par Pierre Rous La Mazelière, « lieutenant général de police au bailliage d'Embrun », 14 déc. 1778, scellé en cire rouge armoriée.

H. M. Liasse] — 49 pièces, papier; 3 cachets plaqués.

1490-1779. — *Propriétés de Boscodon.* — Lettre des officiers de la Maîtrise de Grenoble, d'Hauterive, Romel et Perrin, au sujet des bois de Boscodon : une vente a été passée le 18 juil. 1772; une autre le 13 janv. 1774. Grenoble, 25 juil. 1775. — Reçu par Jos. Vieux, de Remolon, et Jos. Matheron, fermiers des biens du prieuré, des terriers dépendant de la directe de Boscodon à Théus et Remolon, 21 févr. 1776. — Mémoire relatif à la vente des bois de la forêt de Clot Joubert le 11 nov. 1768 (10 févr. 1772). — Baux à ferme : du domaine des *Costes du Colletor*, etc. le torrent de l'Infernet au midi, par l'archevêque d'Embrun à Franç. Imbert, f. d'Él., des Crottes, pour un an, moyennant 4 charges de seigle, 4 émines d'illiers et 2 paires de poulets; Guérin, not. Embrun, 3 juin 1777; — du domaine des *Terrossettes*, par le même, à Pierre Faure, f. de feu G.-Él., des Crottes, pour 3 ans, moyennant 14 émines d'avoine et 2 paires de poulets chaque année, même date; — du *pré La Croix*, par led. archevêque, à Jean-Jos. Albrand, f. de feu Jean, des Crottes, pour 9 ans, moyennant 425 l. chaque année. Embrun, 27 sept. 1777. — Requête au Parlement par les municipalités d'Embrun et des Crottes, en suite de leur requête précédente du 22 sept. 1770, afin d'obtenir « acte de leur opposition à l'enregistrement des lettres patentes portant suppression de l'abbaye et mense conventuelle de Boscodon » (6 juil. 1778). — Suppliques à mêmes fins par Pierre-Ant. Courrière, religieux de Boscodon (15 juil. 1778); — « par les principaux habitants de la ville d'Embrun (11 août 1778). — Mémoire pour le collège d'Embrun, et consultation donnée à Aix, par Portalis, le 12 juin 1777, au sujet des décimes payées par les consuls des Mées à raison de la pension de 250 l., qu'ils doivent au collège, pour un capital de 5.000 l., depuis que cette pension n'est plus affectée à la cellérerie de Boscodon. — Autres mémoires pour Boscodon contre les prétentions du syndic du collège d'Embrun, à propos des arrérages d'une pension de 150 l. « La fondation du collège d'Embrun est du 6 may 1605... Le prieuré du St-Sépulcre, dépendant de l'abbaye de Boscodon, situé à Chorges, a été uni au collège d'Embrun depuis l'année 1613... et depuis lors les Jésuites en ont joui (vers 1778): — au sujet des prétentions des consuls de St-André-d'Embrun, qui voulaient obliger Boscodon à payer les impositions des dépendances du prieuré des Baumes, uni au collège d'Embrun en 1605. Le domaine de St-André, dépendant des Baumes, lors de la fondation du collège, fut considéré comme pouvant produire 1.630 l. de revenu. L'abbé de Saulereau « s'acquitta des 150 l. qu'il avoit promis annuellement », etc. (vers 1778).

Pièces de procédure pour le syndic de l'hôpital d'Embrun, contre l'archevêque de cette ville, au sujet de l'attribution des biens de Boscodon, parmi lesquelles : copie du testament de Jean Bonis du 4 des calendes de mars (26 févr., 1489/90) (à l'incarn.), qui fonde en faveur de Jean de Beaumont, abbé de Boscodon, et de ses moines, sur son domaine de pré La Croix, une pension pour rétribuer 2 messes chaque semaine à célébrer *ad libitum*, suivant le vouloir desd. moines (Extr. du 8 juil. 1778); — de l'acte de fondation d'une messe dans l'église des Crottes par les religieux de Boscodon, à l'autel sous le titre de St-Firmin, moyennant 20 fl., et ce, en considération des bienfaits reçus au temps de la guerre *(tempore belli)*, 9 mars 1470/1 (à l'incarn.), cette fondation, ratifiée le jour des ides (13) d'avril

1528 et le 3 mai 1546 (août 1778). — Copie de la consultation par cinq avocats de Grenoble, Chanet, Lemaître, Pérard, Barthélemy et Anglès, « sur les procédures et formalités concernant la suppression du monastère de Boscodon » et son union à l'archevêché, au chapitre, à l'hôpital, au séminaire et au collège d'Embrun, ce qui est abusif. Grenoble, 2 août 1779.

État des bois de la forêt de Boscodon livrés à MM. Brizard et Rubichon, du 4 sept. 1774 au 6 oct. 1778 ; savoir : 6.608 pièces qui ont cubé 151.524 ; plus 3.798 pièces suivant le compte de « M. Lagier, curé des Crottes, qu'on a estimé cuber amiablement, à raison de 21 pieds chaque pièce », 79.758. Total, 231.282 pieds, à 3 sols, 34.692 l. 6 s. etc. — « Payements faits à M. l'archevêque » par les associés susdits : le 6 oct. 1773, 12.000 l. ; le 12 févr. 1774, 7.402 ; le 28 févr., 2.202 ; le 15 avril, 8.016 et 2.580. Total, 32.200 l. Autres payements : le 8 déc. 1774, 1.300 ; le 27 déc. 1774, 10.000 ; le 6 juin 1776, 9.840, etc. Total, 96.171 l. 1 s. 9 d. (1778). — États divers des pieds d'arbres coupés en 1778-1779, dans la forêt de Boscodon. Totaux, 6.159, 1.951, 2.522, 6.141 pièces. — Certificats par Jos. Lagier, vicaire des Crottes, Jean-Ant. Rispaud, desservant l'église de Boscodon, et Jos. Cellon, ancien cape d'infe, sgr haut justicier des terres des Crottes et de Montmirail, attestant qu'il y a dans l'ancien monastère de Boscodon, trois religieux, dom Silvestre, grand prieur, Servel et Blanchard, avec trois ou quatre femmes ou servantes. Visa par Pierre Rous la Mazelière, lieutenant général de police au bailliage d'Embrun, assesseur-né aud. bailliage. Embrun, 15 nov. 1778 — Quittance de 300 l. par Courrière, ancien religieux de Boscodon, à Faure, « chargé de payer les pensions des religieux » dud. Boscodon, pour un trimestre de sa pension. Grenoble, 3 déc. 1778.

Provisions de grand prieur de Boscodon par César-Ant. Maurin et Gaspar Allard, procureur de dom Courrière, et Jean Blanchard, religieux dud. Boscodon, en faveur de Jos. Servel, leur confrère, et en suite de la mort d'Ant. Silvestre, grand prieur. Boscodon, 10 févr. 1779. Suit l'acte de prise de possession de l'office de grand prieur par led. Jos Servel. Présents, Jean Blanchard, César-Ant. Maurin, Gaspar Allard, fondé de pouvoir de Pierre-Ant. Courrière, religieux. Tém. Pierre Guien et Claude Bernard ; Blanc, not. Boscodon, 11 févr. 1779. — Requête au Parlement par les religieux de Boscodon, afin d'obliger l'archevêque d'Embrun à payer

aux religieux dud. Boscodon les pensions qui leur sont dues, en suite de diverses procurations, de François Reymond (Paris, 18 juil. 1775), Ant. Silvestre, grand prieur, Ant. Mariny, chantre, Franç. de Baile, sacristain, Gaspar Allard, César Maurin et Jean Blanchard (13 août 1778). Grenoble, 28 août 1779. — « Mémoire des cures dépendantes du sgr abbé de Boscodon » : Chancella, Réotier, Les Crottes, Prunières, Théus, Remolon, Pontis, Sélonnet (vers 1779).

II. 52. (Liasse.) — 16 pièces ou cahiers, papier ; 2 pièces, parchemin.

1766-1779. — *Dépendances de Boscodon, etc.* — Procès-verbal des réparations faites aux prieurés de Paillerols et de Sélonnet. Les Mées. 3-20 janv. 1766. — Rapports et devis sur les nouveaux travaux à exécuter à Paillerols en 1774. — Mémoire à consulter par l'abbé d'Agay : « M. de Savine, abbé de Boscodon, étant mort en 1760, on fit une reconnaissance juridique de l'état des maisons et biens dépendans de l'abbaye... Les experts fixent à la somme de 6.000 l. l'indemnité due à l'abbaye pour les dégradations arrivées dans les bois ». M. d'Amat de Volx, évêque de Senez, successeur de M. de Savine, est mort sans testament en mars 1771. L'abbé d'Agay a à recouvrer sur son héritage : en Dauphiné, 5.583 l. 4, et en Provence, 12.608 l. 19. Total, 18.281 l. 3. Rut de Mondon donne son avis sur ces diverses questions, à Paris, 23 avril 1776. — Autre avis par Pascalis. Aix, 22 févr. 1777. — Requête aux trésoriers généraux de France par Jean-Gabriel d'Agay, abbé de Boscodon, contre les héritiers de l'évêque de Senez, 14 avril 1777. — Déclarations par ces derniers d'après lesquelles l'évêque de Senez est mort sans fortune (1777). — Avis sur ce point par Pascalis. Aix, 24 nov. 1777. — Requêtes au Président des Trésoriers généraux de France par l'abbé d'Agay, afin de faire assigner les héritiers de l'évêque de Senez, représentés par Jean-Louis-Auguste d'Amat, chevalier, sgr de Volx, Marie d'Amat de Volx et le marquis de Glandevés de Niozelles ou soit-il Pauline d'Amat. Aix, 31 août 1778 et 7 déc. 1779.

II. 53. (Liasse.) — 57 pièces, papier ; 2 pièces, parchemin.

1608-1780. — *Bois et forêts de l'abbaye de Boscodon.* — Pièces de procédure relatives aux forêts de Boscodon. — Plaintes par l'abbé de Boscodon conlre le sr des Baumettes, sgr des Crottes, qui, sans titre, avait fait couper des bois dans la forêt de Boscodon (vers 1606). — Commandement, sur requête de n. Jacq. du Val, procureur de l'abbé Abel de Sautereau, aux communautés de l'Embrunais, Baratier, St-Sauveur, St-André, Crévoux, Les Orres, et autres, d'aller s'aider à éteindre le feu de la forêt de Boscodon, qui la ravageait depuis plusieurs jours, 22 juil. 1614. — Vente par l'abbé Abel de Sautereau à Ant. Bernard, f. de feu Jean, des Crottes, de 120 pièces de bois pour bâtir, à prendre pendant 3 ans, au prix de 3 l. chaque pièce, 15 oct. 1626. — Délibérations par les religieux de Boscodon, afin d'empêcher les dégâts qui se commettent dans les forêts de l'abbaye : deux religieux sont chargés de faire le dénombrement des arbres et de les marquer « de la croche entrecoupée en croix au pied d'icelle ». 11 août 1642 ; — frère Ambroise Bernard offre 2 écus de chaque arbre propre à bâtir ou pouvant servir à la marine. 18 sept. 1642 ; — Pierre Foulcon, f. d'André, des Crottes, qui a coupé 30 ou 36 pièces de bois, offre de les sortir de la forêt, à raison de 3 l. la pièce. Présents : Béraud, grand prieur ; A. Jame, sacristain ; J.-B. Albrand, chantre ; Charles de La Roblnière, Guy Gras, camérier, F. Bernard, Silvestre, religieux, 22 sept. 1642.

Réquisition par F. Cellon, avocat et procureur d'office de l'abbé de Boscodon, à Jacq. Silvestre, écuyer, vibailli et juge royal de l'Embrunais, de faire informer contre Sébastien, Bernard et Barthél. Albrand, qui avaient fait traîner devant le château des Crottes des bois de construction marqués de la crosse abbatiale de Boscodon, 12 nov. 1660. — Requête au Parlement par Michel de Sautereau, abbé de Boscodon, afin de s'opposer aux poursuites de ses religieux pour couper des bois, 15 juil. 1688. — Défense au sr Calignon, apothicaire d'Embrun, et autres personnes d'Embrun, des Crottes, etc., de couper et de prendre du bois dans la forêt de Boscodon, Grenoble, 14 oct. 1704. — Requête à l'abbé de Boscodon par les religieux, afin de pouvoir prendre dans les forêts de l'abbaye les bois de chauffage qui leur sont nécessaires (vers 1710). — Extrait de la déclaration des consuls des Crottes sur les forêts appartenant à cette communauté : *Petit Lauzerot, Font Froide, La Sagne*, etc. Les habitants ont droit « de mener paître leurs bestiaux aux cantons apelés *Clot Joubert, Tronchet* et *La Troussière* », appartenant à Boscodon, et d'y prendre du bois « pour leur bâtisse », 14 juil. 1730. — Ordonnance par « les com-

missaires nommez par lettres patentes du 14 nov. 1724 pour la réformation générale des bois de la province de Dauphiné », sur requête de Victor-Amédée de La Font de Savine, abbé commendataire de Boscodon, autorisant la coupe de 300 pieds tordus ou rabougris pour le chauffage et le besoin de l'abbaye, sous le contrôle d'Anglès, garde-marteau de la maîtrise, Grenoble, 9 juil. 1732. — Mémoire par Denis-Jacq. Silvestre, grand prieur, Jean-Barthélemy Alphand, sacristain, Ant. Silvestre, chantre, Louis Franç. Davin, cellérier et économe ; Jos.-Franç. Silvestre, camérier, Claude Goudet, prieur de Ste-Croix, Pierre Saint, recteur de La Bâtie-Neuve, Franç. Roux, prieur de St-Quenis, Ant. Silvestre, prieur de La Blache, et Luc Ange, tous religieux profès de Boscodon, réunis dans la chapelle de St-Firmin, exposent à l'abbé de Boscodon l'utilité d'établir un garde ; les religieux le nourriront et l'abbé payera ses gages, 30 août 1743. — Requête au Parlement par l'abbé Victor-Amédée de La Font contre les habitants des Crottes qui voulaient s'approprier le mas appelé *les Côtes du Cellérier*, donné en 1100 par Humbert et sa mère et qui cfr. le serre de *les Canals* (aujourd'hui de La Coche), l'Infernet, le ruisseau de *Amardèle* (aujourd'hui Combal l'Aiguille), etc. (1750). — Pièces relatives à cette affaire soumise au Parlement. Le mas dit *Les Côtes du Cellérier* se trouve dans le voisinage de la montagne de Martin-Jean (1750).

Procès relatif à des dégradations commises dans la forêt de *Clot Joubert* par les habitants des Crottes (1753). — Lettres à ce sujet par Roux, chantre de Boscodon : « Les dégradations sont très considérables ; personne ne les fait que les habitants des Crottes ». Boscodon, 30 avril 1753. — Difficultés relatives : au passage d'un troupeau de Provence « depuis la Combe d'Or », et les droits que la comté des Crottes « a dans la Grande-Montagne » (1er déc. 1753) ; — au transport des bois de Lazare de Ruvel, seigneur des Crottes, « au bord de la Durance, au travers des isles de Montmirail, par un chemin public aboutissant à cette rivière, navigable et flotable, qui apartient au Roy » (23 déc. 1755). — Prestation de serment, par-devant Gabriel Perrin, écuyer, avocat en la cour, « lieutenant au siège royal de la maîtrise des eaux et forêts au département de Grenoble », par Jos. Touzan, des Crottes, nommé garde des bois et forêts de l'abbaye de Boscodon. Embrun, 22 août 1760. — Lettre d'envoi à Grenoble, par Silvestre, grand prieur de Boscodon, du « certificat des

assises » de 1761. Boscodon, 28 mai 1762. — Procès-
verbal de saisie de plusieurs paires de bœufs appartenant à divers habitants des Crottes, qui traînaient
des bois verts provenant de la forêt de Morgon,
15 nov. 1763. — Mémoire relatif à des difficultés
entre l'abbé et les religieux de Boscodon au sujet
de *La Chalanche* et de la *Grande Forêt;* et des « prés
et bois de Bragons » dont les religieux prétendaient
avoir la jouissance (vers 1765).

Procès-verbal de saisie, au requis de Pierre-Louis
de Leyssin, archevêque d'Embrun, par Barthél.
Rouaret, garde général des eaux et forêts de la
maîtrise de Grenoble, de quantité de pièces de bois
coupées dans la réserve de la forêt de Boscodon,
dont 350 transportées « sur les bords de la rivière
de Durance près de Savine », 14 sept. 1778. — Lettre
par Gravier, avocat au Parlement, secrétaire des
Eaux et forêts, à l'archevêque d'Embrun, afin de lui
tracer la marche à suivre pour poursuivre les coupes de bois dans les forêts de Boscodon : « Cette
requête [de l'archevêque] sera communiqué à M. le
Grand Maître, pour avoir son avis ; et, si je tiens
encore sa plume à cette époque, je feray tout ce qui
conviendra pour le rendre propice à vos adjudica-
taires ». Paris, 21 sept. 1778. — « Cayer des charges,
clauses et conditions, sur lesquelles seront vendues, au siège [d'Embrun,] aux formes ordinaires,
les 8.700 pièces de bois, essence de sapin, de trois
pieds de tour et au-dessus, marquées au marteau
du Roy, restantes à vendre dans le quart de réserve
posé dans la forêt de Boscodon, le tout, en exécution de l'arrêt du Conseil, obtenu par le sgr archevêque d'Embrun le 16 oct. 1770 ». L'adjudication est
donnée au sr Tholozan, dernier enchérisseur, au
prix de 26.000 l. ; cautions, Garnier, notaire à Savine,
et Franç. Guigues, de St-Sauveur ; Bouaffous, not.
Embrun, 28 avril 1779. — Projet d'une autre vente de
« 160.000 pieds de bois de sapin de la forest de
Boscodon », par l'archevêque d'Embrun au sr Per-
rin-Chabert, au prix de « 5 sols 6 deniers le pied
cube, ce qui fait la somme de 44.000 l. » (1780). —
Lettre à l'archevêque d'Embrun par De Bouvaire de
Forges ; il a demandé au Directeur général une
« prolongation jusqu'en 1783, pour l'exploitation et
le recollement des bois de votre abbaye de Boscodon... ». Paris, 27 juin 1780, etc.

H. 34. (Liasse.) — 25 pièces ou cahiers, papier.

1769-1780. — *Suppression de l'abbaye de Boscodon.* — Copies : 1° de l'assemblée des religieux de
Boscodon, qui, « connoissans l'impossibilité de se
conformer aux ordres du Roy relativement au
nombre de sujets qui doivent composer led. monastère, et voulans concourir au bien du diocèze, con-
sentent aux unions qu'il plaira à Sa Majesté de faire
des biens et bénéfices dépendans de la manse conventuelle dud. monastère », à condition d'accorder
au grand prieur 800 l. de pension par an, et 500 à
chaque religieux. Présents : Ant. Silvestre, grand
prieur, Jean-Franç. de Bayle, Jean-Ant. Mariny,
Louis-Franç. Davin, Jos. Servel, César-Ant. Maurin,
Franç. Reymond, Jacq. d'Aiguebelle et Jean Blanchard, Pierre-Ant. Courrière absent, tous religieux.
Boscodon, 24 juil. 1769 ; — 2° de l'abandon par l'évêque de Senez, abbé de Boscodon, des bâtiments de
l'abbaye, des immeubles et jardins, dits *Grand Verger, Plaisantin, Clot Challon, Champ de Madère, Pré
Clapier, Costaussel, Terrassettes, Chadenas,* etc., en
échange d'une pension de 1.800 l. pour lui et ses
successeurs, et à condition que les archives de
l'abbaye seront inventoriées avec soin et conservées
« par ceux en faveur de qui l'union sera faite. Quant
aux prébendes monacales de Paillerols, Sélonnet et
Remolon, il se réserve le droit de présentation aux
évêques diocésains. Senez, 6 août 1766 ; — 3° des
lettres patentes pour la suppression de la mense
monacale de Boscodon et union des biens à plusieurs établissements d'Embrun : séminaire, collège,
hôpital, chapitre et archevêché. Fontainebleau, 21
oct. 1769 ; — 4° de l'arrêt du Parlement qui ordonne
l'enregistrement desd. lettres patentes. Grenoble, 2
déc. 1769. — Concordat conclu entre l'évêque de
Senez et l'archevêque d'Embrun le 6 août 1769.

Décret de suppression de la conventualité de
Boscodon par Pierre-Paul du Queylard, évêque et
seigneur de Digne. Digne, 8 févr. 1770. — Assignation
à l'archevêque d'Embrun par Jean-Gabriel d'Agay,
chan. de la cathédrale de St-Claude, vic. g. d'Autun,
abbé de Boscodon, en opposition aux accords
conclus le 6 août 1769. Suit la réponse de l'archevêque. Embrun, 24 sept. 1771. — Consentement par
l'abbé d'Agay à la suppression de Boscodon. Embrun, 9 oct. 1771. — Transaction entre l'archevêque
d'Embrun et l'abbé d'Agay : la pension de 1.800 l.
faite à ce dernier sera de 3.000 l. dès 1772. Embrun,

9 oct. 1771 (original et copie). — Enregistrement de l'arrêt du Parlement qui limite à 400 pièces de bois que l'archevêque pourra faire couper à Boscodon. Grenoble, 10 févr. 1772. — Mémoire à consulter « sur la grande affaire de Boscodon », envoyé à Paris le 21 juin 1772 Il s'agit surtout de l'augmentation de la pension de l'abbé. — Avis favorable à cette augmentation par Piale. Paris, 6 juillet 1772 : — par Mey et Camus. 21 juil. 1772. — Lettres patentes qui confirment la transaction du 9 oct. 1771 entre l'archevêque d'Embrun et l'abbé de Boscodon. Versailles. juil. 1772. — Autre avis favorable à la pension de 3.000 l. à l'abbé de Boscodon. par Mey. Camus et Piale. Paris. 3 août 1772. — Extraits : 1° d'une délibération de sept religieux de Boscodon protestant contre les dégradations de la forêt par l'archevêque et même contre la suppression de l'abbaye. Embrun. 22 juil. 1775 : 2° d'un arrêt du Conseil d'État qui casse l'arrêt du parlement de Grenoble du 13 août 1778 et tout ce qui s'en est ensuivi et ordonne d'exécuter l'édit de mars 1768. Versailles. 17 avril 1779. (Extr. par Franç.-Élie Roux. chan. d'Embrun, « archiviste de l'archevêché », au requis de l'abbé d'Agay.) — Mémoires relatifs à l'abbaye de Boscodon : pour l'abbé d'Agay, « coadjuteur de Perpignan. ancien abbé de Boscodon », postérieur à la « transaction du 13 avril 1780 » et remis à l'évêque d'Autun (s. d.) — « Observations sur le mémoire de M. l'abbé d'Agay » (s. d.).

H. 55. (Liasse.) — 36 pièces, papier.

1773-1780. — *Observations relatives aux dépendances de Boscodon : Théus. Remolon, etc.* « Après la mort de M. l'évêque de Senez », en mars 1771. Vallon. directeur des économats aux diocèses d'Embrun et de Gap. a fait arrêter entre les mains des frères Moynier, fermiers. partie des revenus de l'abbaye (3 sept. 1771). — Notes relatives auxd. revenus en 1768-73. Total. 6.876 l. 12., *alias*, 8.361 l. 18. — « Procès verbal de visite, devis et estimation de l'abbaye de Boscodon. pour les biens situés en Dauphiné ». par-devant J.-B. Dioque, juge royal au bailliage d'Embrun, par Jean-Pierre Reymond. avocat. procureur de Jean Gabriel d'Agay, abbé de Boscodon : Jean-Jos. Tholosan. procureur au bailliage d'Embrun, et Pierre Allard, not.. experts. Embrun, 23 avril 1774. — Requête au lieutenant général au siège de Forcalquier, aux mêmes fins, pour les biens sis en Provence (12 juil. 1774). — Procédures sur ces divers points. Seyne, 26 juil.

1775. — Mémoires contre la communauté de Théus (v. 1775). — Procès-verbal des réparations à faire à la sacristie et au clocher de la nouvelle église de Théus. 8 et 23 mai 1776. — Quittance de 2.565 l. 5 s. par Louis Giraud, mr maçon de Théus, à l'abbé d'Agay, pour les réparations faites par lui aux églises de Remolon et de Théus. Embrun, 11 oct. 1776. — Quittance de 504 l. 4 s. à l'abbé d'Agay pour compte final par le sr Vieux. Embrun, 22 mars 1780.

H. 56. (Liasse.) — 70 pièces, papier.

1623-1783. — *Prieuré de Paillerols.* — Copies : 1° de la transaction passée le 24 mai 1623 entre les consuls des Mées et Abel de Sautereau, abbé de Boscodon. au sujet du prieuré de St-Honoré de Paillerols, situé sur le territoire des Mées : le service de l'église de St-Honoré sera fait par un religieux de Boscodon ; le fermier de Paillerols payera chaque année, à Pâques, 50 l. pour les pauvres ; — 2° d'une partie de la consultation de mr Audibert, avocat d'Aix, pour M. de Savine. le 7 déc. 1734, au sujet du partage des dîmes, en suite de la déclaration de Louis XIV du 20 janv. 1686. Suit une note suivant laquelle la sentence du 26 avril 1758, qui a ordonné l'érection d'une succursale aux Mées, n'a rien décidé au sujet des dîmes (s. d.). — Exploits d'assignation pour l'abbé d'Agay contre : Jean-Louis-Auguste et dame Pauline d'Amat de Volx, 20 et 21 août 1776. — Adjudication des travaux à faire à Paillerols, 1er-30 sept., 1er et 16 oct. 1776. — Prestation de serment. par-devant Jos. Bernard, juge des Mées, par François Richaud, bourgeois, Gaspar Rogier, notaire, experts. Les Mées, 26 oct. 1778. — Quittances diverses aux fermiers de Paillerols par Salva, curé des Mées (1773-4); Pascal, prêtre (1772-78); Jos. Hubaud. receveur des décimes du diocèse de Riez, 790 l. puis 803 l. par semestre (1772-79). — Lettre à l'abbé d'Agay par Théus, avocat au parlement d'Aix : il a remis au président de Lauris « les papiers concernant la contestation contre le chapitre de Sisteron ». M. Salvador, « préposé de M. l'abbé de Leyssin », en a dressé l'inventaire. Aix, 4 août 1783. — Inventaire des papiers susdits : extraits des transactions des 24 mars 1623 et 20 sept. 1712. A commencer du 22 janv. 1776, « M. le coadjuteur de Perpignan et M. l'abbé de Leyssin doivent payer au chapitre de Sisteron leur quotepart des augmentations de congrue de 1686 et 1768... Le chapitre de Sisteron et les deux autres co-décimatcurs auront, de leur colté, à payer M. le condjulteur de Perpignan et à M. l'abbé de Leyssin, à commencer du même jour 22 janv. 1776, leur quote-part de l'augmentation de 100 l. du prêtre succursaire de Paillerols » (1783), etc.

H. 57. (Liasse.) — 40 pièces, papier.

1765-1783. — *Prieuré de Sélonnet.* — « Situation ancienne et moderne de la communauté de Salonnet ». Son état avant 1227 n'est pas parfaitement constaté. Elle avait alors pour consul Jean Aymar, et des montagnes et forêts. Les seigneurs percevaient la leyde, et en tête de ces seigneurs se trouve le prieur, puis Lantelme de Montclar. L'abbé de l'Ile-Barbe fit un dénombrement en 1551. En 1578, il aliéna les terres de St-Martin et de Sélonnet, au prix de 640 écus. En 1591, Sauveur de Roussel acquit ces deux places et revendit Sélonnet [en 1645] au duc de Lesdiguières, qui l'a gardé, ou les siens, « jusqu'en 1722 ou 1723, que M. de Rippert, père de M. de Montclar, l'achepta ». — Obligation de 30 l. en faveur de l'abbé de Sautereau par Claude Baridon, fils de feu Ant., praticien de Sélonnet, au sujet des dépouilles de Michel Baridon, prieur dud. lieu, décédé le 17 déc. 1621. — Acte de prise de possession du prieuré de Sélonnet par Jacq. Baridon, nommé par Ant. Jame, vic. g. de Boscodon, le 20 nov., « audevant de l'église paroissiale sous le titre de N.-D. d'Antraigues du dit lieu de Sélonnet »; présents : Barthél. Roux, curé de Sélonnet, et Ant. Millon, baile dud. lieu, 1er déc. 1721. — Bail à ferme par l'évêque de Senez aux consuls de Sélonnet des revenus du prieuré dud. lieu, pour 9 ans, au prix de 1.500 l. par an; Gaspar Savournin, not. Senez, 12 janv. 1765. — Consultation pour l'abbé de Boscodon par Gras et Pascalis, au sujet des fonds nobles de Sélonnet. Aix, 22 avril 1773. — Quittances : de 535 l. par J. Gleize, curé de Sélonnet, pour sa portion congrue, 10 déc. 1773 ; — de 36 l. par le consul Savournin, pour la 24e des pauvres. Sélonnet, 28 déc. 1774. — Extrait du rapport concernant les réparations à faire au prieuré de Sélonnet, par Louis Yvan, ancien not. à Digne. et Claude Castel, bourgeois de Mezel, 16 déc. 1775. — Autorisation, sur requête, par les trésoriers généraux de France, de mettre en adjudication les réparations à faire au prieuré de Sélonnet. Aix, 31 juil. 1776. — Lettres à l'abbé d'Agay, à Boscodon, par Maurin, de St-Pons de Seyne : les réparations faites à Sélonnet et à Villau-

demar sont récentes. Seyne, 8 oct. 1770; — la communauté de Sélonnet réclame 20 l. par an pour le luminaire, 17 juin 1782 ; — Pascalis. avocat à Aix, a donné une consultation à ce propos, 17 juin 1783; — la comté de Sélonnet le poursuit activement. Seyne, 17 nov. 1783, etc.

H. 58. (Liasse.) — 18 pièces, papier (dont 3 imprimés) ;
1 cachet.

1777-1784. — *Protestations contre la suppression de l'abbaye de Boscodon, etc.* — Pièces du procès intenté par les religieux de Boscodon à l'archevêque, à l'hôpital et au chapitre d'Embrun, au sujet d'un appel comme d'abus de la supression de l'abbaye de Boscodon (1778-84). — Lettre à M. Allemand du Lauron, procureur au parlement de Grenoble, par Martin, avocat de l'hôpital d'Embrun, le priant de se « concerter avec M. Piat des Vials, avocat de M. l'archevêque, dans le procès contre les moines de Boscodon, de prendre les mêmes conclusions que luy, en proposant brièvement les mêmes moyens ». Embrun, 22 févr. 1778 (cachet arm.). — Citation à comparaître devant la Grand' Chambre, de la part d'Ant. Silvestre. grand prieur de Boscodon, au sr Gaulhier, procureur de l'archevêque d'Embrun et autres, 19 mars 1778. — Extraits de divers décrets, arrêts et autres actes relatifs à la suppression de Boscodon (7 janv., 28 janv., 1er juil. 1778).

« Mémoire pour les religieux de Boscodons contre Mgr Pierre-Louis de Leyssins, archevêque et prince d'Embrun » (Grenoble, veuve A. Giroud, 1778, in-4o de 50 p.) : « Si l'on ne peut sans peine et sans douleur voir tomber les antiques monuments de la piété de nos pères, lors même qu'ils ne semblent céder qu'aux efforts du temps, quel sentiment fera naître la vue d'un coup qui frappe sans cause, renverse presque sans forme, et anéantit sans utilité, sans nécessité, un monastère également recommandable par son ancienneté, par la régularité de ses membres et par les services que le public en recevoit, pour en faire passer les biens à d'autres établissements qui n'avoient pas besoin de ce secours ou que l'on pouvoit autrement secourir. Tel est le triste sort qu'à dernièrement essuyé l'abbaye de Boscodons ». L'archevêque sollicita et obtint des lettres patentes de suppression le 21 oct. 1769 (p. 7). L'archevêque « n'a pas vu de bon œil la réclamation » faite par les religieux au Parlement

(p. 17). Signé : Servel et Reymond, députés (p. 20). « Dans la suppression du monastère de Boscodons, on n'y trouve ni cause légitime de suppression, ni défense légale, ni compétence dans le juge ecclésiastique, ni régularité dans les procédures » (p. 21). Signé : Lemaistre, avocat (p. 36). « Précis de la procédure *de commodo et incommodo* faite par M. de La Coste, conseiller et commissaire de la Cour en 1770, aujourd'hui président à mortier » : 20 témoins : Jean Souchon, de Chorges ; Augustin Domény, de Réotier ; Guil. Reynaud, de La Conche de Prunières ; Pierre Long et Pierre Guien, de Prunières ; Jacq. Chappin, collecteur de Réotier ; Jos. Blaine, charpentier, d'Embrun ; Alex. Émery, maçon, d'Embrun ; Ét. Chevalier, des Crottes ; Ét. Clapier et Laurent Agnel, de St-Clément ; Louis Guérin, not., économe séquestre de Boscodon, secrétaire de l'archevêque. Jacq. Vallier, avocat, maire d'Embrun ; J.-B. Dioque, lieutenant particulier au bailliage ; Jos. Ardoin, avocat, premier échevin ; Jérôme Mioilan, procureur, second échevin ; Jos. Philippe Ismard, ex chirurgien, châtelain des Crottes ; Ant. Constans, consul des Crottes ; Jean-Pierre Raymond, avocat, natif d'Embrun. Certificat en faveur de Boscodon, donné par Bernardin Franç. Fouquet, ancien archevêque d'Embrun, à Paris le 1er juin 1776 (p. 50).

« Arrêt de la cour du parlement, aides et finances de Dauphiné du 13 août 1778 » (Grenoble, « de l'imprimerie de la veuve d'André Giroud, imprimeur-libraire du Parlement, à la salle du Palais, 1778 », in-4 de 47 p.). Cet arrêt, très longuement motivé, déclare « y avoir abus » dans le décret de suppression de Boscodon et union de ses biens aux divers établissements ecclésiastiques d'Embrun, le 2 déc. 1769 et 10 févr. 1772. « Mémoire pour la congrégation de S. Maur, présenté à l'assemblée du clergé » (s. l. n. d. in-4, 27 p.). « La congrégation de S. Maur, infiniment précieuse à l'Église, par la sainteté de ses fondateurs et la sage sévérité de sa discipline, longtemps estimée par les services qu'elle a rendus et les grands hommes qu'elle a produits, toujours estimable par l'esprit religieux, qui n'est pas encore éteint en elle, et l'amour des lettres qui s'y conserve, prête cependant à succomber sous les efforts réunis d'ennemis multipliés, ne voit d'autre ressource pour échapper à sa perte que la protection du Clergé assemblé, qu'elle ose réclamer aujourd'hui ». Au mois de mai 1784, devait se tenir le chapitre général de la congrégation de S. Maur (p. 2). Un acte d'administration de 1783 » ordonnait une assemblée extraordinaire » (p. 13). Il faut concilier les décrets de l'Église « avec ceux de l'autorité séculaire » (p. 25), etc. (vers 1784). — État des actes remis dans les archives pour M. d'Agay, abbé de Boscodon, par Reymond, avocat à Embrun, son procureur : bail à ferme de Paillerols (6 févr. 1761) ; copie d'une délibération des Crottes (11 nov. 1766) ; déclaration des dîmes de Théus et Remolon (21 févr. 1776), etc. (s. d.).

H. 59. (Liasse.) — 58 pièces, papier (dont 1 imprimé) ;
1 pièce parchemin.

1760-1786. — *Situation économique de Boscodon*, etc. — Notes relatives 1° à Boscodon. L'abbé « a droit de nommer un grand vicaire pour disposer, en son absence, de la sacristie, de la chantrerie et du prieuré de Ste-Croix, et pour présenter aux cures des Crottes, Réotier, Prunières, Pontis, Remolon, Sélonet et Théus ». Il possède la bastide de *Coste-Ossel*, affermée 21 charges de blé et 10 paires de poulets ; la bastide de *Pré Clapier*, affermée 20 ch. d'avoine, 250 quintaux de foin ; la *Grande-Montagne* et *Morgon*, affermés 600 l. ; la bastide de *Chadenas*, affermée 9 ch. de blé, 20 paires de poulets et 12 livres de chanvre, et les vignes affermées à mi-fruits, soit environ 200 charges de vin ; une grande forêt et une maison à Embrun. Charges : vestiaire des religieux, 300 l. ; le bois nécessaire à l'abbaye. Le 13 oct. 1748, autorisation aux religieux de couper 300 arbres dans la forêt pour leur chauffage. Décimes, 600 l. Beaucoup de réparations sont urgentes. — 2° à Sélonnet. « L'abbé de Boscodon est seul prieur décimateur de *Sélonet* ». La dîme, perçue au 13e, produit par an 80 charges de grains, 100 l. de chanvre, 6 l. pour les agneaux, et le domaine, 69 l. La prébende du prieur produit 600 l. Le curé a 354 l. de congrue. Les honoraires du prêtre qui dessert la succursale de *Vilandenard* sont de 150 l. La dîme est affermée 1.200 l. — 3° à Remolon. L'abbé de Boscodon a la moyenne et basse juridiction. Il est prieur décimateur à la 24e ; la dîme produit 150 ch. de vin, de 8 à 9 l. la charge. Le religieux qui fait le service de Remolon reçoit 12 ch. de vin, 7 de blé et 60 l. Le curé reçoit 12 ch. de vin, 5 de blé et 164 l. — 4° à Théus. L'abbé y a une petite directe. La dîme lui rapporte 100 ch. de vin et 30 ch. de blé seigle. Le curé reçoit 300 l. de congrue (vers 1760).

État des revenus et charges de Boscodon en 1760. Revenus en 7 articles : Théus et Remolon, Moynier fermier (11 juil. 1755), 3.100 l. ; Paillerols (Meyssonnier, 3 avril 1758), 4 205 l. ; « *Coste-Ausel* » (Besson, 7 avril 1713), 147 l. ; Les Crottes (Miolan, 20 janv. 1757), 317 l. 10 ; prés des montagnes (Aillaud, 5 avril 1700), 600 l. ; Chadenas (Arnaud, 11 déc. 1748), 234 l. 8 s. ; Sélonnet (Reynier, 20 mai 1760), 1.300 l. Total, 9.903 l. 18. Charges, en 19 articles : décimes, 600 l. ; id. à Riez, 949 ; à Arnaud, curé de Théus, 300 ; id. au curé de Remolon, 120 ; id. à Gleize, curé de Sélonnet, 354 ; au même pour ses novales, 100, et pour l'huile de la lampe, 50 ; aux consuls de Sélonnet pour la 24e des pauvres, 54 ; congrue du vicaire de Villoudemar, 150, et luminaire, 20 ; gages du garde bois, 150 ; vestiaire des religieux, 500 ; imposition des fonds nobles, 20 ; id. de Chadenas, 9 l. 14 : à Laugier, capiscol et économe de Sisteron, codécimateur des Mées, 72 ; au recteur de l'hôpital St-Jacques des Mées, 122 l. 18 ; frais de vendanges, 193 l. 2, etc. Total, 3.768 l. 7 s. Reste net, 6.035 l. 10 (1760). — Revenus et charges du prieuré de Paillerols : suivant le bail du 5 mars 1766 avec Rougier et Freaud, 5.300 l. de revenu, plus les *drolées* (70 coupes de vin à 40 s., 140 l. ; 2 cochons gras à 30 l. l'un ; 12 dindes à 25 s. l'une ; 12 paires de poulets, à 12 s. la paire ; 20 panaux d'amandes, à 20 s. le panal), 249 l. 8 s. En tout, 5.549 l. 8. Charges, 1.539 l. 6. Revenu net, 4.010 l. 2 s. (vers 1771). — *Idem* de l'abbaye de Boscodon. Total des revenus 11.890 l. 8. Charges, 3.234 l. 6. Net, 8.663 l. 2 (22 avril 1771).

Quittance de 37 l. par Jean-Ét. Eymery, P. Vulpian et J.-B. Ricard, à l'abbé de Boscodon, pour « menuiserie, maçonnerie et serrurerie pour un placard qui sert pour fermer les papiers de l'abaye de Boscodon », 9 oct. 1771. — Brevet d'une pension de 2.000 l. en faveur de Jean-Franç. Albert, prêtre du dioc. de Boulogne et curé de N.-D. de Versailles, sur l'abbaye de Boscodon, où vient d'être nommé abbé « Jean-Gabriel d'Agay, prêtre du dioc. de Bezançon et grand vicaire de celuy d'Autun. Signé par le roi Louis XV « de sa main » et contresigné Philippeaux. Versailles, 28 avril 1771. — État des frais faits, de la part de l'abbé d'Agay, pour connaître les réparations à faire à *Paleillos* et à *Salonnet* », par Théus. Total, 2.746 l. 8 s. 4 d. Aix, 30 nov. 1775. — Id. des sommes payées, par le même, pour led. abbé, et de l'argent reçu de sa part. Total payé, 2.240 l. 10. Total reçu, 2.850 l. Aix, 30 nov. 1775. — Mémoire d'après lequel « l'abbé d'Agay a été nommé au mois d'avril 1771 à l'abbaye de Boscodon vacante par la mort de feu M. d'Amat de Volx, évêque de Senés [nommé en 1760], et il en

prit possession le 25 juil. suivant... Dans le voyage que M. d'Agay fit dans son abbaye, peu après sa prise de possession, il prévint Mme la marquise de Glandevès de Niozelles, sœur de feu M. de Senés, et en même tems M. et Mlle de Volx, neveu et nièce de ce prélat, ses héritiers ab intestat, et qui tous avoient accepté son héritage par bénéfice d'inventaire », afin de s'entendre sur les réparations à faire dans les maisons de l'abbaye de Boscodon, surtout à Paillerols (avant 28 juil. 1772).

Extrait de la délibération de la chambre ecclésiastique du diocèse d'Embrun, qui diminue de 100 l. les impositions de l'abbaye de Boscodon et de 900 les réduit à 800 l. à partir de 1774. Présents : l'archevêque Pierre-Louis de Leyssin, Jean-Pierre de Catignon, syndic général du diocèse. Claude Colaud de La Salette, député du chapitre. Louis Cellon, député des bénéficiers du chapitre, et Ant. Silvestre. Embrun, 23 févr. 1774. — Mémoire relatif à cette diminution, dans lequel la chambre ecclésiastique compare les revenus de Boscodon avec ceux d'autres bénéfices de la même classe : Boscodon est imposé 900 l. à raison des 4.000 l. de revenu qu'il possède dans le diocèse ; l'évêque de Pignerol, prévôt d'Oulx, sur 1.600 l. de revenu, est porté aux décimes pour 400 l. ; la chartreuse des Salettes, 200 l. sur un revenu de 931 l. ; le prieuré de La Chalp, 50 l. sur un revenu de 245 l. ; le prieuré de Chorges, 166 l. sur 795 l. ; le prieuré de Notre-Dame de La Mure, sis à La Bréole (B.-A.), 166 l. sur 466 l. ; le prieuré de Guillestre, 210 l. sur un revenu de 840 l. ; le prieuré de Vallouise, 10 l. sur 40 l. de revenu ; le prieuré d'Ubaye, 6 l. sur 30 de revenu (févr. 1774). — État des droits dus à me Reymond, avocat et procureur à Embrun pour la procédure contre les héritiers de M. de Senés, à la poursuite de M. d'Agay, commencée le 7 oct. 1773 et close le 17 avril 1774. Total, 1.055 l. 7 s. 3 d. Liquidée par sentence du 9 févr. 1775.

« Arrest de la Chambre des Comptes de Dauphiné, qui enjoint à tous les vassaux de Sa Majesté... qui n'ont pas satisfait à l'arrêt du 13 août 1774, de prêter les foi et hommage dus au Roi, avant le 15 juin 1776 » etc. Grenoble, 14 août 1775 (Grenoble, de l'impr. de la veuve Faure et fils. Place St André. 1755, in-4°. 12 p.). — Commandement à l'avocat Reymond, procureur de l'abbé de Boscodon, de prêter hommage pour « la cosgrie de Théus et Remolon et ses dépendances ». Embrun, 16 oct. 1755. — Pouvoir (en blanc) par Jean-Gabriel d'Agay, chan. de St-Claude, abbé de Boscodon, vic. g. d'Autun, pour prêter l'hommage susdit. Autun. 24 nov. 1775. - Compte rendu par l'avocat Reymond, procureur de l'abbé d'Agay. Recettes : de Vallon, commis des Économats à Gap (août 1772), 300 l. : du même (oct. 1772) 450: de Vieux et Matheron, fermiers de Théus et Remolon (3 mars 1773). 1.724, etc. Total, 3.310. Dépenses : à l'abbé de La Madeleine, receveur des décimes (mars 1773), 920 l. ; remis à M. de Chalains, 1.040. etc. Total. 3.530 l. 8. Embrun, 10 févr. 1776. - État des dépenses faites « pour procédures et réparations de mon abbaye, tant en Dauphiné qu'en Provence » : à Boscodon (9 févr. 1775). 1.037 l. : à Louis Giraud, reconstructions. 2.567 l. 17 : au sr Sibourd. pour Remolon (7 janv. 1777). 55 l. 7 : en Provence (21 déc. 1777). 2.197 l. 3 : à Sélonnet (31 mars 1778), 1.950. (Pas de total.)

Lettres à l'abbé d'Agay, vic. g. d'Autun, par Théus, au sujet de la réunion du prieuré de Sélonnet à la mense abbatiale de Boscodon. Aix, 30 août 1778 : - au même. chez M. Mongenot à Vesoul. à propos de difficultés avec le chapitre de Sisteron. Aix, 24 nov. 1778 : - au même. chez M. le comte d'Agay, intendant de Picardie. rue de Berry, au Marais, à Paris : « Notre Premier Président doit partir dans deux jours. pour se rendre dans ses terres en Bourgogne et de là. à Paris... M. l'archevêque d'Embrun a obtenu la cassation de l'arrêt du parlement de Grenoble. Le Conseil a déclaré n'y avoir abus dans les lettres patentes de suppression des moines de Boscodon. Elles ont été confirmées. Ainsi le fonds se trouve jugé, et ils sont. par conséquent, supprimés pour toujours ». Aix, 20 mai 1779; - par Giraud. prêtre à Autun. Il est parti de Grenoble le 13 sept.. et « sur un avis de l'époque de nos vendanges de St-Sernin »: il est arrivé le 7 oct. Autun, 29 oct. 1779 ; - par l'abbé de Leyssin. vic. g. », accusant réception de 4.223 l. 9 s. 5 d. « que vous vous étiez engagé de me fournir, par nos conventions du mois de déc. 1780 ». Pont de Beauvoisin. 18 juil. 1782 : — par le même, accusant réception d'une « rescription » de 754 l. 10 « sur M. de Serilly, trésorier général de la guerre ». ibid., 10 juil. 1782.

« Compte que rendent les sieurs Marchal de Sainsey, père et fils, économes généraux des bénéfices vacants à la nomination du Roy, à M. l'abbé d'Agay, chan. de St-Claude, vic. g. d'Autun, nommé à l'abbaye de Boscodon ». qui « a vaquée le 18 mars 1771 par le décès de M. de Volx, évêque de Senés, à laquelle M. d'Agay a été nommé le 28 avril et en a pris possession le 24 juil. de la même année ».

Recettes, en 5 articles, 8.085 l. 3. Dépenses, en 8 art., 3.173 l. 6. Payements faits à l'abbé d'Agay, en 8 art., 5.170 l. 14. « Pour le tiers des nouveaux convertis (608 l. 17 s. 9 d. et pour 2 mois 26 jours, et droits d'économats ». Total, 961 l. Total général de la dépense 8.273 l. 14 s. 6 d. « La dépense excède la recette de 188 l. 11 s. 6 d. », somme qui est versée par l'abbé d'Agay, coadjuteur de Perpignan, à Paris, le 8 nov. 1780. Signé : Marchal de Sainsey (1780). — Notes diverses fournies à l'abbé d'Agay, par Maurin : Payements au sr Rougon, 1.230 l. 14, etc. Embrun, 14 mai 1778; — par l'abbé de Leyssin : Il a reçu de « Mgr le coadjuteur de Perpignan » l'entier payement de 4.223 l. 9 s. 5 d. qu'il s'étoit engagé, par convention du mois de déc. 1780 », de lui fournir, mais avec obligation pour lui « de faire à l'abbaye de Boscodon 1er toutes les réparations porté par la procédure faitte par MM. Allard et Garnier. commissaires, et, en 2d lieu, d'en fournir une décharge légale », à ses frais. Aouste, 18 juil. 1782: — « Les capitaux, revenus arriérés de 1770, et jouissance de 2 mois et 18 jours échus le 18 mars 1771, jour du décès de M. de Volx, évêque de Senez et abbé de Boscodon, montent, suivant le compte des économats, à la somme totale de 13.202 l. 8 s. 2 d. ». Total des dépenses faites par les économats, 3.494 l. 15. Réparations faites à Puillerols et à Sélonnet (12 nov. 1779), 9.889 l. 17). « indemnité des dégradations », reçue des héritiers de M. l'abbé de Savine, 6.000 l., etc. — Rôle des fournitures et vacations faites par Contard, « au procès de Mr d'Agay, abbé de Boscodon, contre les hoirs et héritiers de Mme d'Amat, de Volx, évêque de Senez », depuis le 29 avril 1778. Total, 996 l.

Lettres par Contard, au sujet de cette affaire : Le bureau des trésorier généraux de France, le 12 nov. 1779, a liquidé à 9.889 l. 13 les sommes dues par les héritiers de M. Amat de Volx. Aix, 21 janv. 1780; — Les frais et dépens du procès susdit s'élèvent à 4.501 l. 1 s. 11 d. Aix, 24 janv. 1780; — Renvoi des pièces du procès. Aix, 22 févr. 1780; — par Rous La Mazelière, au sujet des arrérages de rente de Remolon. Recettes, 2.800 l. Dépenses, 459. « Je vous remercie, Mgr, de vouloir bien vous occuper de mon frère. Je n'aurois pas présumé que M. d'Authun n'eût eu égard à votre recommandation ; mais, puisqu'il n'est pas possible de lui faire avoir un canonicat, je vous aurai une vrai obligation si vous vouliés bien le nommer à la première bonne cure qui viendra à vacquer. Il s'appelle Antoine-Bernard

Rous la Mazelière, prêtre du diocèse d'Embrun, bachelier ès droits en l'université de Paris. Je ne sçaurois vous exprimer combien je suis privé de ne pas le voir placé, et ce sera pour moi une double satisfaction de le sçavoir placé par Votre Grandeur. Ce sera une obligation éternelle que je vous aurai, et vous suplie avec la dernière des instances de le prendre sous votre protection et de le placer le plutôt qu'il vous sera possible ». Embrun, 28 juil. 1781 ; — par le même : « J'ai fait part à mon frère de la bonté que vous voulés bien avoir pour lui de le nommer à une cure dépendante de votre abbaye de Sorèze... Son état me pénoit depuis longtemps et, grâce à vos bontés, le voilà assuré... Si, en me faisant passer la collation que vous voudrois (sic) bien faire en sa faveur de cette cure, vous voulés bien, Mgr, y joindre une lettre de recommandation à M. l'évêque de Lavaur, ce seroit une nouvelle obligation que je vous aurois ». Embrun, 7 févr. 1784 ; — par Théus, envoyant quittance finale de tous comptes. Aix, 17 mars 1784 ; — par Serre : il adresse, en deux paquets, à l'évêque d'Autun, les pièces du procès. Aix, 7 avril 1784 ; — par Rous la Mazelière : « Je n'oublierai jamais le service impor- que vous m'avois (sic) rendu, en plaçant mon frère. Je serai dans le cas de vous prier, si vous alliés à Paris, de vouloir bien apuyer de votre crédit un mémoire que mon frère le chanoine, qui est, depuis quelques années, vicaire général de M. d'Embrun, se propose de présenter à M. d'Autun, pour obtenir quelque pension ou petit prieuré : comme sa bourse m'est commune et que j'ai neuf enfans à nourrir et à élever, je désirerois ardemment qu'il pût réussir dans son projet. M. d'Embrun lui donnera toutes les attestations nécessaires ; mais il lui faut un pro- tecteur pour faire valloir ses services. Vous seul, Mgr, pouvois nous rendre ce service et nous tracer la marche à suivre et de quelle manière on doit rédiger le mémoire. Je compte trop sur votre cœur bienfaisant pour ne pas espérer que vous voudrois bien venir au secours d'une pauvre famille, qui vous regarde comme son bienfaiteur et son seul apui et qui ne cesse de demander au Ciel votre con- servation ». Embrun, 15 déc. 1784 ; — par le même : « Sur les différentes instances que j'avois fait à M. l'abbé de Leyssin, dans le mois de mai dernier, il étoit convenu que nous nommerions des experts pour faire la vérification des réparations ordonnées aux différents prieurés dépendants de l'abbaye de Boscodon, pour obtenir ensuite une sentence de décharge du bailliage de cette ville. Le projet que forma M. d'Embrun de faire réunir l'abbaïe de Bos- codon au siège archiépiscopal et à son chapitre, pour les indemniser en partie de l'augmentation des congrues, décida M. l'abbé de Leyssin, malgré mes représentations au sujet de ce projet, qui me parut chimérique, à attendre l'issue qu'il pourroit avoir ». On assure qu'au mois de juil. 1786, l'assem- blée du Clergé se prononcera « tant sur l'augmen- tation des congrues que sur les moïens d'indemni- ser les décimants ». L'abbé de Leyssin, « depuis le 16 aoust dernier, est parti de cette ville pour se rendre à Ost (Aouste) en Dauphiné », près le Pont- Beauvoisin. Il doit revenir à Embrun en nov. pro- chain. Embrun, 10 sept. 1785 ; — par le même : « M. l'abbé de Leyssin est arrivé en cette ville vers la fin de nov. dernier ». Embrun, 23 déc. 1785 ; — Il adresse à l'abbé d'Agay la sentence définitive du règlement avec l'abbé de Leyssin « de la jouissance que vous avois eu de l'abbaïe de Boscodon », et lui demande « une décharge de toute gestion, compta- bilité et des pièces que je pouvois avoir à vous. Une déclaration privée est suffisante... Je vous prie, Mgr, de vouloir bien me continuer votre protection et à ma famille, qui est fort nombreuse. J'ay huit enfans, dont 3 filles et 5 garçons, une mère fort avancé en âge et infirme. Je serois dans la résolu- tion de demander au Ministère de m'accorder quel- que gratiffication pour pouvoir élever et donner un établissement à mes enfans, mes facultés ne me permettant pas d'y faire fasse. Si par un effet des bontés dont vous voulés bien m'honnorer, vous voulés bien, Mgr, engager M. le comte d'Agai, votre frère, de me recommander à M. de La Bouve, inten- dant du Dauphiné, et le prier de m'être favorable, je vous en aurois une obligation infinie. Au cas où M. votre frère vous dit que je pourrois réussir dans ma demande, il me resteroit à sçavoir dans quelle forme je dois dresser mon placet et à qui je dois l'adresser. M. de La Bouve est actuellement à Paris ». Embrun, 25 mars 1786. (Au-dessous de cette date : « R[épondu] et envoyé déchargé le 8 may 1786 ».)

H. 60. (Liasse.) — 51 pièces, papier (dont 1 plan);
1 pièce, parchemin.

1761-1786. — *Situation économique ; inventaires, etc.* — Extrait d'un rapport d'experts, du 23 sept. 1761, au sujet d'un petit bois de mélèzes dépendant du domaine de Pré Clapier et des bois de la Grande-Forêt. de Mirmande, du Clot et Coste Joubert, Bragous et Tronchet, où il a été fait pour 6.000 l. de dégradations (3 mai 1763); ledit rapport, fait par Pierre de La Font, avocat, résidant à Gap. 45 ans. et Ant. Tholozan de La Madeleine, avocat. résidant à Embrun. 41 ans. Embrun, 18 mai 1783.- Quittance de 6.000 l. par M. de Vols, évêque de Senez. à « la comtesse de Savine, comme procuratrice de M. le marquis de Savine. son fils », tant pour les dégradations des bois que pour le « prix des capitaux qui sont au domaine de Paillerols ». Aix. 24 nov. 1762. - Lettre d'envoi de la copie de la quittance susdite par la dame de Castellane-Savine à l'abbé de Boscodon. Embrun, 11 juil. [1763?]. — Conventions entre Pierre-Louis de Leyssin. archevêque, prince d'Embrun, et Jean-Gabriel d'Agay, abbé de Boscodon : le premier cède 50 pieds de sapin au second, qui lui abandonne le tiers de 500 pièces de bois à couper à Clot Joubert. Embrun. 9 oct. 1771. -- « Mémoire à consulter sur l'affaire particulière du bois de Clot Joubert », dont 1/3 appartient aux Crottes. — Autres mémoires « pour l'affaire de la réunion des sous-prieurés » de Paillerols, Sélonnet et Remolon, à la mense abbatiale de Boscodon. Ces trois prieurés sont occupés par des religieux, obligés de dire la messe tous les dimanches et fêtes de l'année. Le sr Garony, ancien cordelier, moine de Boscodon. sous-prieur de Sélonnet, s'est fait séculariser et fait le service d'une paroisse étrangère. — Avis par Mey et Camus, favorable à la réunion des trois sous-prieurés à la mense conventuelle « après le décès des religieux... Le bref obtenu par le même D. Garoni ne rend point sa prébende vacante et ne donne pas à l'abbé de Boscodon droit de lui nommer un successeur ». Paris, 21 juil. 1772. - Autre avis par Piale sur le même sujet. Jacques-François-Xavier Garoni, sécularisé, peut « continuer de posséder son sous-prieuré de Sellonet, nonobstant le bref de sécularisation ». Paris, 8 juil. 1772. « État des titres et papiers concernant les prieurés de Sélonnet, Remollon et Paillerols » : 1° Sélonnet, 5 liasses, contenant des dénombrements, nomination du vice-prieur en 1630, accord entre l'Ile-Barbe et Boscodon, et 47 parchemins, « dont j'ignore le contenu »; — 2° Remolon, transactions de 1614 avec Avançon, de 1618 avec Théus; papiers concernant la pension de Mme de Champolion, les droits seigneuriaux et les dimes de Remolon; reconnaissances de 1544, 1618, 1761; — 3° Paillerols,

11 articles : limites, baux à ferme, pâturages, donations, droits de chasse, moulins, ventes, reconnaissances et nombreux parchemins « qui paroissent inutiles » : *Concentio inter RR. abbatem, camerarium de Valensola et priorem de Ganagobia de et super aquis Durentia* (1219); *Attestationes super libero transitu aceris Boscodonis per totam terram comitatus Forcalqueriensis, maxime de Mediis* (1290); *Sententia de pascuis in favorem R. abbatis* (1303); *Sententia arbitralis de pascuis et aliis juribus in territorio de Bruneto Paillerolii* (1316); *Preceptor de Paillerol renuit recognoscere terram esse sub segnoria rectoris de Mediis* (1319); *Contra bajulum de Mediis, qui cunem abbatis injuste rapuerat* (1363); *Instrumentum ratione pascueriorum* (1411); Arbitrage à l'occasion des limites de Paillerol (1458); *Instrumentum ratificationis factae per homines de Mediis in favorem R. abbatis super deffensum cuniculorum iselis fluminis Durenciae*, etc. (1458); *Procuratio ad terminandas controversias inter R. D. abbatem et Giraudum de Bellaforti, ortas de finibus et litibus de Paillerol* (1465); *Contra vice-comitem Valernae et Medenses qui occupabant terram Paillerolii* (1461, juil.); *Contra occupantes et detinentes terras* (1461, août); *Traditio terrarum sub censu* (1520); *Emphiteosis seu aflictamentum sub censu* (1536); — 4° Théus : « 1448. Je trouvay chez un notaire de Savine ce parchemin, qui règle les droits respectifs des cosgrs de Théus, et je le fis rentrer, en 1754, dans les archives [de Boscodon], d'où on l'avoit légèrement tiré ». — Suit un « État des titres et papiers rapportés par les co-héritiers de M. l'évêque de Senez, abbé de Boscodon, à M. l'abbé d'Agay, successeur à la même abbaye » : Vérification de l'état des bâtiments de Paillerols, à la requête de M. l'abbé de Savine (13 janv. 1713); id. des dommages causés aux fruits (25 févr. 1722); baux du 19 févr. 1712, 7 janv. 1735 et autres; accord de M. de Sautereau et de M. de Savine (12 août 1729); transaction entre M. de Sautereau et les consuls de Théus et Remolon (8 févr. 1718); ordonnances de visites en 1686, 1697, 1705, 1713, 1718 et autres; parchemin de 1248, intitulé : *de Remolono, traditio vinearum priori dicti loci*, et 6 autres; extrait d'arrentement du 21 août 1708, etc. (s. d.).

Signification, de la part de Jean-Gabriel d'Agay, abbé de Boscodon, à Ant.-Viel.-Amédée de La Font, sgr du marquisat de Savine, sous-lieutenant des gens d'armes de la Reine, gouverneur d'Embrun, héritier sous bénéfice de Victor-Amédée de La Font de Savine, abbé de Boscodon, d'avoir à liquider les dégradations des forêts de Boscodon et une dette de 701 l. 6 s., 3 juil. 1777. — Lettres à l'abbé d'Agay par l'abbé de Leyssin, vic. g., au sujet des réparations, qui seront terminées l'été suivant. Pont de Beauvoisin, 23 mars 1783 ; — à propos des réparations de Sélonnet. « J'ay reçu ici une lettre de M. Salvator, qui m'apprend que M. Théus a vendu son office de procureur ». Du château de La Cour, près d'Orléans, 6 mai 1783 ; — par l'évêque de Perpignan, sur le même sujet, 27 juil. 1783 ; — à l'évêque de Perpignan, à Paris, par « Cerny, marquise de Savine », à propos de « l'affaire de l'abbaye de Boscodon » et sur l'absence du marquis de Savine. « Château d'Aunois, par Guigue », 1er août 1783 ; — au même par le marquis de Savine. Il charge son procureur à Embrun de régler toutes choses. « D'Aubigny, près Melun », 29 sept. [1783] ; — par l'abbé L. Verdollin. Il a entre les mains l'argent de l'abbé de Leyssin. « Le prieuré accordé à M. l'abbé de Miramon a été un sujet de joie publique à Autun. Je voudrois bien que l'évêché de St-Papoul pût regarder M. l'abbé de La Tour, mais le contraire paroît décidé. Il est vraissemblable que le Roi y nommera dimanche prochain M. l'évêque de Gap ». Paris, 30 janv. 1784 ; — par l'abbé de Leyssin : « Quoique depuis longtemps... j'ay été dans la nécessité de m'éloigner d'Embrun, je n'ai point perdu de vue l'affaire des réparations... M. d'Embrun a passé quelques jours ici, mais il y a déjà du temps qu'il en est parti, pour se rendre dans son diocèze. Comme j'espère le rejoindre dans le courant de juin, je luy feray part de l'honneur de votre souvenir ». Pont de Beauvoisin, 28 mai 1784 ; — par le même : Remettre 314 l. à M. de St-Julien, receveur général du clergé. La comtesse de Savine a fait placer sur le clergé, « au profit de l'abbaye de Bos-

codon », 701 l. Embrun, 12 oct. 1784. — Accusé de réception de lad° somme de 314 l. par Bollioud de St-Julien. Paris, 21 oct. 1784 ; — par l'abbé de Leyssin, réclamant la quittance desd. 701 l. Embrun, 2 mai 1785 ; — par L. Verdillon : « Je n'ay point laissé ignorer à M. d'Autun ce que vous me dittes au sujet de son portrait ; il y a été extrêmement sensible. Son dessein est toujours de vous donner son portrait, lorsqu'il se sera fait peindre... Jusqu'à présent, il s'y est refusé. En sorte qu'il n'y a d'autre portrait de lui que ceux, en petit nombre, qui avoient été tirés, avant qu'il eût la Feuille. Je ne pourrai donc vous dire quelle sera la forme des portraits futurs ». Paris, 1er oct. 1785 ; — par l'abbé de Leyssin. Il y a un projet de réunir son abbaye. « Pour fournir à la nouvelle augmentation des congrues, on s'occupe des moyens de venir au secour des évêchés et des chapitres. Dans le diocèze d'Embrun, il n'y a d'autres ressources que la réunion de l'abbaye de Boscodon. On m'a demandé mon consentement. Je l'ay accordé à des conditions qui mettent à couvert vos intérêts et les miens... J'espère être de retour à Embrun vers le milieu du mois prochain ». Crémieux, 4 oct. 1785 ; — par L. Verdillon. Il envoie sa correspondance avec l'abbé de Leyssin. Paris, 7 mars 1786 ; — par Vulpien, en envoyant le dossier relatif à Boscodon. Paris, 6 mai 1786. Savoir : la transaction entre J.-B.-Charles-Marie de Beauvais, évêque de Senez, et Jean-Gabriel d'Agay, coadjuteur de Perpignan. Paris, 13 avril 1780 ; id. entre l'abbé d'Agay, évêque de Perpignan, et Joseph de Leyssin, abbé de Boscodon, vic. g. d'Embrun, chan. et comte de St-Pierre de Vienne. Paris, 14 déc. 1780 et 29 juil. 1783. — Pièces de procédure au bailliage d'Embrun entre les personnages susdits, afin d'homologuer le règlement de leurs comptes. Janv.-13 mars 1786.

OBSERVATIONS.

Outre le fonds de Boscodon, il existe aux archives départementales des Hautes-Alpes plusieurs autres fonds appartenant au Clergé régulier, dont l'inventaire a été déjà en partie imprimé en 1863-1864. Cet inventaire pourra être consulté provisoirement avec utilité ; il permettra de connaître la composition des archives de Durbon (H 1 à 149), des Dominicains de Gap (H 150 à 193), des Cordeliers d'Embrun (H 194 à 196), des Cordeliers de Gap (H 197 à 220), des Chartreusines de Bertaud (H 221 à 224), des Ursulines de Gap (H 225 à 230).

D'autres fonds constitués récemment et non encore inventoriés existent également aux archives des Hautes-Alpes, tels que ceux des Jésuites et des Visitandines d'Embrun. Ces fonds divers, lorsqu'ils seront analysés régulièrement, compléteront le présent inventaire ; ce que mes successeurs ne manqueront pas de faire, étant moi-même dans l'impossibilité de l'exécuter.

J'ai publié naguère, dans la Collection des Archives historiques des Hautes-Alpes, les *Chartes de Notre-Dame de Bertaud*, second monastère de femmes de l'ordre des Chartreux (1184-1449), Gap, 1888, in-8° de LVI-368 pages, et les *Chartes de Durbon*, quatrième monastère de l'ordre des Chartreux (1116-1452), Montreuil-sur-Mer, 1893, in-8° de XXX-964 pages et une vue.

Je me suis occupé depuis longtemps de préparer le Recueil des *Chartes de Boscodon ;* mais par suite de la privation de la vue dont je souffre, je ne pourrai pas probablement faire cette publication ; les archivistes des Hautes-Alpes, mes successeurs, réaliseront, je l'espère, ce projet.

Qu'il me soit permis, en terminant, de faire des vœux pour que mes compatriotes, MM. Georges de MANTEYER, Louis JACOB et Joseph-Charles ROMAN, anciens élèves de l'École des Chartes, veuillent bien continuer la publication des *Archives historiques des Hautes-Alpes* et, en particulier, éditer les Chartes antérieures au XVI° siècle qui existent encore en grand nombre sur le Briançonnais, l'Embrunais et le Gapençais, soit dans les archives départementales, communales et hospitalières du département, soit dans les divers dépôts des Bouches-du-Rhône, de l'Isère, du Rhône, à la Bibliothèque nationale et aux Archives nationales, à Paris, etc. Le *Regeste Dauphinois* publié en ce moment par M. le chanoine Ulysse CHEVALIER, membre de l'Institut, sera souvent d'un grand secours pour obtenir ce résultat.

P. G.

L'impression de ce fascicule, commencée le 16 juin 1912, a été terminée le 9 août 1913.

GAP. — IMPRIMERIE ALPINE, RUE CARNOT, 13.

INVENTAIRE SOMMAIRE DES ARCHIVES DES HAUTES-ALPES

État de la Collection au 1er août 1913

VOLUMES PARUS.

ARCHIVES CIVILES

SÉRIE A. — *Actes du pouvoir souverain et Domaine public.* (Articles 1 à 43.)

SÉRIE B. — *Cours et Juridictions.* Bailliages de Gap, de Briançon et d'Embrun ; Juridictions royale et archiépiscopale d'Embrun ; Juridictions seigneuriales. (Articles 1 à 514.)

SÉRIE C. — *Administrations provinciales.* Intendance de Dauphiné ; Élection de Gap ; Bureau de l'élection de Gap ; Bureau des finances du Dauphiné. (Articles 1 à 527.) — Introduction et table analytique des fonds inventoriés. — Gap, JOUGLARD, 1887, in-4° de XVIII-32-216-165-3 pages.

SÉRIE E. TOME Ier. — *Féodalité, Communes, Notaires.* Mandement et Marquisat de Savine. (Articles 1 à 249.) — Gap, IMPRIMERIE ALPINE, 1910, in-4°, XXIII-348 pages.

SÉRIE L. TOME Ier. — *Période révolutionnaire.* (Articles 1 à 448.) — Introduction et table analytique. — Gap, IMPRIMERIE ALPINE, 1911, in-4°, XXXII-507 pages.

ARCHIVES ECCLÉSIASTIQUES

SÉRIE G. TOME I. — *Clergé séculier (Archevêchés, Chapitres métropolitains, Officialités métropolitaines, Évêchés, Chapitres épiscopaux, Officialités épiscopales, Séminaires, Églises collégiales, Églises paroissiales et leurs fabriques, Bénéfices, Chapelles, Aumôneries).* Archevêché d'Embrun ; Bureau ecclésiastique diocésain ; Chapitre métropolitain ; Officialité de Seyne ; Collégiale de Briançon ; Chapelle de Notre-Dame-du-Laus. (Articles 1 à 777.) — Introduction et table analytique. — Gap, JOUGLARD, 1891, in-4° de XXXIV-502 pages.

SÉRIE G. TOME II. — *Clergé séculier* (suite) : Évêché de Gap. (Articles 778 à 1111.) — Introduction et table analytique. — Gap, JOUGLARD, 1895, in-4° de XX-491 pages.

SÉRIE G. TOME III. — *Clergé séculier* (suite) : Diocèse de Gap. (Articles 1112 à 1556.) — Introduction et table analytique. — Gap, Louis JEAN et PEYROT, 1897, in-4° de L-468 pages.

SÉRIE G. TOME IV. — *Clergé séculier* (suite) : Secrétariat de l'Évêché (Mutonis, notaire) ; Chapitre de Gap. (Articles 1557 à 1813.) — Introduction, table alphabétique et table analytique. — Gap, Louis JEAN et PEYROT, 1901, in-4° de XLIV-478 pages.

SÉRIE G. TOME V. — Chapitre de Gap (fin). (Articles 1814 à 2316.) — Introduction, table alphabétique et table analytique. — Gap, Louis JEAN et PEYROT, 1904, in-4° de XXVIII-504 pages.

SÉRIE G. TOME VI. — Clergé du diocèse de Gap ; Officialité épiscopale de Gap ; Prévôté de Chardavon ; Prieurés d'Antonaves, d'Upaix et de Veynes ; Séminaire de Gap ; Additions. (Articles 2317 à 2760.) — Introduction, table alphabétique et table analytique. — Gap, Louis JEAN et PEYROT, 1909, in-4°, CCLXXVI-491 pages.

SÉRIE G. TOME VII. — **Additions :** Archevêché et Chapitre d'Embrun. (Articles 2761 à 2789.) — Table analytique. — Gap, IMPRIMERIE ALPINE, 1913, in-4°, 190 pages.

ARCHIVES HOSPITALIÈRES

SÉRIE H. — Clergé régulier, Abbaye de Boscodon. (Articles 1 à 60.) — Gap, IMPRIMERIE ALPINE, 1913.

SÉRIE H supplément. TOME I. — Hospices de Briançon, d'Embrun et de Gap. (Articles 1 à 700.) — Préface et table analytique. — Gap, Louis JEAN et PEYROT, 1899, in-4° de VI-619 pages.

ARCHIVES COMMUNALES

Archives de Guillestre. — Introduction, table alphabétique et table analytique. — Gap, Louis JEAN et PEYROT, 1906, in-4°, CXXIV-512 pages et 1 carte au 1/100.000e.

Ville de Gap. TOME I. — SÉRIE AA. (Articles 1 à 21.) — SÉRIE BB. (Articles 1 à 83.) — Introduction, table alphabétique et table analytique. — Gap, IMPRIMERIE ALPINE (1899-1908), in-4°, XXVIII-440 pages.

Ville de Gap. TOME II. — SÉRIE BB. (Articles 84 à 155.) — SÉRIE CC. (Articles 1 à 426.) — Gap, IMPRIMERIE ALPINE.

VOLUME EN COURS D'IMPRESSION.

Archives départementales. — SÉRIE E. TOME II. — *Seigneurie de Manteyer ; Communautés de Puy-St-André, La Salle-les-Alpes ; Archives de la Vallée du Queyras.* (Articles 250 à 544.) — Gap, IMPRIMERIE ALPINE, 1913, in-4°, VI-288 pages. — *Inventaire des Archives de Ceillac.*

EN PRÉPARATION :

SÉRIE L. TOME II. — *Période révolutionnaire.*

www.ingramcontent.com/pod-product-compliance
Ingram Content Group UK Ltd.
Pitfield, Milton Keynes, MK11 3LW, UK
UKHW021445090726
13657UKWH00003B/1210